O DIREITO FISCAL DO AMBIENTE

O ENQUADRAMENTO COMUNITÁRIO DOS AUXÍLIOS DE ESTADO A FAVOR DO AMBIENTE

CLÁUDIA DIAS SOARES
ASSISTENTE DA UNIVERSIDADE CATÓLICA DO PORTO
DOCENTE DO CEDOUA

O DIREITO FISCAL DO AMBIENTE
O ENQUADRAMENTO COMUNITÁRIO DOS AUXÍLIOS DE ESTADO A FAVOR DO AMBIENTE

ALMEDINA

TÍTULO:	O DIREITO FISCAL DO AMBIENTE O ENQUADRAMENTO COMUNITÁRIO DOS AUXÍLIOS DE ESTADO A FAVOR DO AMBIENTE
AUTOR:	CLÁUDIA DIAS SOARES CEDOUA
EDITOR:	LIVRARIA ALMEDINA–COIMBRA www.almedina.net
LIVRARIAS:	LIVRARIA ALMEDINA ARCO DE ALMEDINA, 15 TELEF. 239 851900 FAX. 239 851901 3004-509 COIMBRA – PORTUGAL livraria@almedina.net LIVRARIA ALMEDINA ARRÁBIDA SHOPPING, LOJA 158 PRACETA HENRIQUE MOREIRA AFURADA 4400-475 V. N. GAIA – PORTUGAL arrabida@almedina.net LIVRARIA ALMEDINA – PORTO R. DE CEUTA, 79 TELEF. 22 2059773 FAX. 22 2039497 4050-191 PORTO – PORTUGAL porto@almedina.net EDIÇÕES GLOBO, LDA. RUA S. FILIPE NERY, 37-A (AO RATO) TELEF. 21 3857619 FAX: 21 3844661 1250-225 LISBOA – PORTUGAL globo@almedina.net LIVRARIA ALMEDINA ATRIUM SALDANHA LOJAS 71 A 74 PRAÇA DUQUE DE SALDANHA, 1 TELEF. 21 3712690 atrium@almedina.net LIVRARIA ALMEDINA – BRAGA CAMPUS DE GUALTAR UNIVERSIDADE DO MINHO 4700-320 BRAGA TELEF. 253 678 822 braga@almedina.net
EXECUÇÃO GRÁFICA:	G.C. – GRÁFICA DE COIMBRA, LDA. PALHEIRA – ASSAFARGE 3001-453 COIMBRA Email: producao@graficadecoimbra.pt JANEIRO, 2003
DEPÓSITO LEGAL:	190546/03

Toda a reprodução desta obra, seja por fotocópia ou outro qualquer processo, sem prévia autorização escrita do Editor, é ilícita e passível de procedimento judicial contra o infractor

Nota prévia

O texto agora publicado foi elaborado em 2002 para servir de apoio à disciplina de Direito Fiscal do Ambiente do *Curso de Pós-graduação em Direito do Ordenamento, do Urbanismo e do Ambiente do Centro de Estudos de Direito do Ordenamento, do Urbanismo e do Ambiente (CEDOUA)* no ano lectivo 2002/2003. Ano em que pela primeira vez passou a fazer parte do programa da cadeira o desenvolvimento com algum pormenor da matéria relativa aos auxílios de Estado a favor do ambiente.

O curso em causa tem por objectivo fornecer uma visão abrangente sobre a interligação entre Direito Fiscal e Direito do Ambiente, *i.e.*, pretende-se transmitir ao aluno uma ideia (tão completa quanto o tempo disponível o permite) das sinergias, positivas e negativas, que existem entre estes dois ramos do Direito. Assim sendo, esta segunda publicação vem complementar o Caderno de 2000, referente ao Imposto Ambiental, e representa mais um passo na cobertura do tema "Fiscalidade Ambiental".

CLAUDIA ALEXANDRA DIAS SOARES

ÍNDICE

1. A NOÇÃO COMUNITÁRIA DE AJUDA DE ESTADO 16

2. AS DERROGAÇÕES ADMITIDAS PELA UE AO PPP 20

3. AS MODALIDADES DE AUXÍLIOS DE ESTADO A FAVOR DO AMBIENTE 25
    3.1. Auxílios atribuídos na presença/ausência de obrigações legais 26
        a) Auxílios atribuídos na ausência de imposição legal 28
        b) Auxílios atribuídos na presença de imposição legal 30
    3.2. A finalidade do auxílio 31
        3.2.1. Auxílios ao Investimento 31
        3.2.2. Auxílios ao funcionamento 44
        3.2.3. Medidas de apoio horizontal 55

CADERNOS *CEDOUA*

O Enquadramento Comunitário dos Auxílios de Estado a favor do Ambiente

No âmbito da União Europeia, a subsidiação é a única forma de intervenção importante de que os Estados-membros ainda dispõem, sendo o auxílio de Estado o único instrumento possível de ser usado a nível nacional para proteger a indústria doméstica e "a mais forte manifestação do poder financeiro do Estado moderno"[1]. Por essa razão, o controlo destes apoios é extremamente importante e a Comunidade Europeia tem tentado aumentá-lo desde meados dos anos setenta, sob a influência de dilemas políticos, negociações intergovernamentais, lobbies da indústria e instituições comunitárias cada vez mais direccionadas[2].

No direito comunitário, existem duas normas à luz das quais a admissibilidade dos auxílios estatais a favor do ambiente tem que ser aferida em primeiro lugar: os artigos 87º e 174º, nº 2, do Tratado CE. Nesta última disposição, prevê-se expressamente que a política da Comunidade no domínio do ambiente terá por base o Princípio do Poluidor Pagador (PPP). A consagração deste princípio, em conjunto com a imposição, prevista no artigo 6º do mesmo tratado, de que as "exigências em matéria de protecção do ambiente" sejam "integradas na definição e execução das políticas e acções da Comunidade", exigência que tem vindo a ser aprofundada[3], poderia fazer supor uma proibição absoluta de os Estados-membros concederem auxílios a favor do ambiente[4]. Já que tal atribuição pode provocar a redução dos custos a suportar pelas empresas na prevenção e eliminação da poluição pela qual são responsáveis[5]. Contudo, a Comissão

---

[1] Michel Fromont, "State Aids: Their Field of Operation and Legal Regime", in Terence Daintith, *Law as an Instrument of Economic Policy: Comparative and Critical Approaches*, Berlin: Walter de Gruyter, 1988, pp. 153 e ss., p. 161.

[2] K. Lavdas e M. Mendrinou, *Politics, Subsidies and Competition*, Cheltenham, UK, 1999, p. 2.

[3] A Comissão reafirmou o seu empenho em integrar a política ambiental noutras áreas políticas em 26 de Maio de 1999, com o seu documento de trabalho intitulado "Integração dos aspectos ambientais em todos as áreas políticas relevantes". E novamente no seu relatório do Conselho Europeu de Helsinkia (SEC(1999) 1941 final).

[4] N. Sadeleer, *Le Droit Communautaire et les Déchets*, Brussels, pp. 202-203.

[5] A Comissão considerou que estes auxílios não representam uma aplicação directa do PPP, porque aligeiram os custos suportados pelas empresas na luta contra a poluição. Cfr. ainda 23º Relatório sobre política da concorrência (1993), ponto 166, p. 101. A Comissão não admitiu assim o auxílio concedido pelo Estado italiano à indústria do papel com o objectivo de apoiar a reconstrução de instalações no seguimento da sua relocalização, por entender que,

sempre considerou o PPP como um objectivo impossível de atingir no curto prazo, sendo necessário um período transitório ao longo do qual, através de soluções de compromisso, aquele princípio fosse sendo progressivamente implementado[6]. O próprio nº 3 do mesmo artigo 174º fornece um conjunto de critérios que podem servir para fundamentar o afastamento, em determinadas situações, do princípio em causa. A necessidade de assegurar o desenvolvimento harmonioso e equilibrado da Comunidade no seu conjunto e de ter em conta, na elaboração da política comunitária neste domínio, as condições do ambiente nas diversas regiões poderá justificar uma aplicação mais flexível do referido princípio por forma a atender às disparidades regionais e a promover a aproximação entre os níveis de desenvolvimento económico-social e de respeito ambiental entre as várias regiões. Os dados técnicos e científicos disponíveis podem também justificar o afastamento do mencionado princípio no caso de as empresas, por não existirem soluções alternativas, terem de adoptar um tipo de tecnologia ou um método de produção que acarreta um aumento significativo dos seus custos para respeitar as normas em vigor, nos casos em que o benefício social ultrapassa em larga medida o benefício individual de cada empresa. A dimensão dos custos a suportar pelo poluidor pode ser ainda uma outra justificação para se afastar o princípio em causa. Nos casos em que o investimento em melhorias ambientais é de tal forma elevado que se torna impossível ao mercado internalizar esses custos, não parece realista pretender que se faça uma aplicação estrita daquele princípio[7]. No entanto, a Comissão teve, desde o inicio, permanentemente, presente a preocupação de assegurar que os afastamentos do PPP se reduzissem ao mínimo necessário. O objectivo sempre foi o de tornar possível o alcance de níveis de protecção ambiental mais elevados sem entrar em contradição com o princípio da internalização dos custos[8].

---

apesar de os princípios da prevenção e da eliminação na fonte serem respeitados, tal ajuda constituía uma violação do PPP. Cfr. Decisão nº 93/964/CE da Comissão, de 22 de Julho de 1993 (JOCE nº L 273 de 5 de Novembro de 1993, p. 51). Mas a afirmação de que a concessão de um auxílio a favor do ambiente se traduz numa violação do PPP não pode ser entendida como uma regra aplicável a todos os casos de concessão deste tipo de ajudas. Veja-se, neste sentido, a admissibilidade pela Comissão dos apoios concedidos pelo Estado dinamarquês e pelo Estado holandês no âmbito do regime dos respectivos impostos sobre o dióxido de carbono e a energia, onde aquela recorreu mesmo ao referido princípio para fundamentar a sua decisão. Cfr. JOCE nº C 324 de 5 de Dezembro 1995, p. 9.

[6] Esta ideia foi já afirmada no ponto 5 do título II da Declaração do Conselho das Comunidades Europeias e dos representantes dos governos dos Estados-membros reunidos no Conselho, de 22 de Novembro de 1973, relativa a um Programa de acção das Comunidades Europeias em matéria de ambiente, JOCE n.º C 112, de 20 de Dezembro de 1973, pp. 1-2, e pela Comissão no ponto 6 da sua Recomendação 75/436 (EUROATOM, CECA, CEE), de 3 de Março de 1974, JOCE nº L 194, de 25 de Julho de 1975, pp. 1-4. Cfr., ainda, 23º Relatório sobre política da concorrência (1993), ponto 166, e ponto 1.4. do Enquadramento nº 94/C 72/03, JOCE nº C 72 de 10 de Março de 1994, pp. 3-9, p. 3.

[7] SADELEER, *Le Droit Communautaire…*, 1995, p. 204.

[8] Enquadramento comunitário dos auxílios estatais a favor do ambiente, JOCE n.º C 37, 3 de Fevereiro de 2001, pp. 3-15, ponto 4.

Durante vinte anos, o quadro de referência comunitário em matéria de concessão de auxílios estatais às empresas forneceu uma orientação clara no que respeita a uma das modalidades assumidas por estas ajudas, mais concretamente, à modalidade de apoio ao investimento para adaptação das instalações actuais da empresa às novas normas ambientais. Com base nesse regime, a Comissão entendeu que todas as ajudas à adaptação "fomentavam a realização de um projecto importante de interesse europeu comum", nos termos da alínea b) do nº 3 do artigo 87º do Tratado CE. De acordo com o enquadramento de 1974, os Estados-membros estavam autorizados a financiar, nas condições referidas, os projectos de investimento das empresas até ao limite de 15 por cento líquidos[9]. Era entendimento uniforme da Comissão, tal como ainda hoje é, que, quando o mesmo aspecto fosse regulado simultaneamente por normas comunitárias e por normas nacionais, deveriam ser as normas mais exigentes as adoptadas como ponto de referência para a averiguação da admissibilidade da ajuda. É possível verificar que quando isto acontece, quando a mesma realidade ambiental é duplamente regulada, sendo-o a nível comunitário e a nível nacional, na maior parte dos casos o regime mais exigente é previsto a nível nacional. Além disso, constata-se que o grau de protecção ambiental não é uniforme entre os vários Estados-membros. Nota-se que existe uma protecção ambiental mais vigorosa nos Estados-membros que enfrentam maiores problemas a nível de poluição, isto é, nos Estados do centro da Europa, onde se localizam as regiões comunitárias mais prósperas. Ao permitir-se a concessão de auxílios estatais com uma intensidade mais forte às empresas instaladas nessas regiões, estava-se a contrariar a aplicação do princípio da coesão. Uma vez que se estava, dessa forma, a promover a manutenção das indústrias poluidoras nas regiões centrais e prósperas da Europa[10]. A Comissão sentiu por isso a necessidade de regulamentar especificamente a matéria dos auxílios estatais a favor do ambiente, surgindo assim o Enquadramento de 1994. Este documento não visa, todavia, discutir o conceito de 'auxílio de Estado' em sede de Direito Comunitário, o qual é definido pelo artigo 87º, n. 1, do Tratado CE e pela jurisprudência do Tribunal de Justiça das Comunidades (TJC). E o mesmo de diga relativamente à informação da Comissão que, em 2001, veio actualizar o Enquadramento de 1994[11].

Em 1993, a Comissão Europeia procedeu à revisão dos princípios orientadores, estabelecidos em Novembro de 1974, para a concessão de auxílios estatais às empresas, de forma a alargar as possibilidades de atribuição destes apoios por razões ambientais[12] e a reforçar, pela via do controlo, a uniformidade entre

---

[9] O valor líquido será calculado através da dedução dos impostos aplicáveis ao valor nominal das subvenções e ao valor actualizado das bonificações de juros em proporção do custo de investimento.

[10] Luc Gyselen, *The Emerging Interface between Competition Policy and Environmental Policy in the EEC*, Internet: http://europa.eu.int/search97cgi/e97r c...axes%0D%0A&ViewTemplate=EUROPA view.hts, 18/6/1993, p. 4.

[11] JOCE n.º C 37, 3 de Fevereiro de 2001, pp. 3-15, p. 13.

[12] Cfr. Enquadramento comunitário dos auxílios estatais a favor do ambiente (JOCE nº C 72 de 10 de Março de 1994, pp. 3-9).

CADERNOS *CEDOUA*

estes regimes de auxílios nos vários Estados-membros[13]. Ao delinear o novo enquadramento, a Comissão teve em mente duas preocupações, por um lado, procurou garantir o respeito pelo PPP na atribuição das ajudas e, por outro, buscou a concordância entre esta atribuição e a construção do mercado interno e as políticas comunitárias respeitantes à concorrência. Se, por um lado, *v.g.*, a concessão de auxílios aos projectos de investimento para adaptação das instalações às novas normas ambientais vai contra o referido princípio. Uma vez que as empresas estão, desta forma, a receber compensações financeiras por realizar esforços ambientais que sempre estariam obrigadas a realizar. Por outro lado, a Comissão considera o mencionado princípio um objectivo de longo prazo, o qual deverá ser gradualmente atingido durante um período de transição, cuja duração é indeterminada. De acordo com esta perspectiva, dado tipo de auxílios estatais em matéria ambiental foram assim sempre admitidos pela Comissão, por prestarem uma contribuição para a aceleração do processo de introdução de normas expressão do princípio em causa [14]. No Enquadramento de 1994 é possível identificar algumas das várias formas que os auxílios estatais podem assumir, como sejam os subsídios, os empréstimos a taxa de juro bonificada[15], a concessão de garantias, as isenções fiscais, as reduções da taxa de imposto e os auxílios em espécie. Em 1994, o primeiro ano em que o Enquadramento foi aplicado, a Comissão procedeu à apreciação e à aprovação, tendo em conta os princípios orientadores aí estabelecidos, de várias medidas que lhe foram submetidas pelos Estados-membros[16].

---

[13] Esta preocupação está presente, por exemplo, na proposta de directiva do Conselho relativa à instituição de um imposto sobre as emissões de dióxido de carbono e sobre a energia, onde se pode ler: "(…) considerando que convém prever, no âmbito do imposto, um sistema de incentivos fiscais para fomentar os investimentos económicos em termos de energia ou de CO_2; que as condições destes incentivos devem ser estabelecidas de modo uniforme para evitar que assumam um carácter de auxílio, susceptível de falsear as condições da concorrência" (COM (92) 226 final, p. 5).

[14] Os auxílios a favor do ambiente eram então autorizados ao abrigo das alíneas a), b) e c) do nº 3 do artigo 92º, actual 87º, do Tratado CE.

[15] Quando o auxílio assume a forma de empréstimo a taxa de juro bonificada as empresas têm um duplo benefício. Além da obtenção de capital a uma taxa de remuneração inferior à vigente no mercado, têm ainda a possibilidade de deduzir fiscalmente os juros pagos como despesas financeiras. Esta forma de ajuda é bastante utilizada na Alemanha, para evitar que a totalidade dos custos de adaptação das empresas por razões ambientais seja suportada pela generalidade dos contribuintes, como acontece no caso da atribuição de subsídios, com todas as dificuldades que essa situação acarretaria para o erário público e para o cumprimento do PPP. A opção pela concessão de empréstimos em condições mais favoráveis do que as gerais permite promover a aceleração dos investimentos ambientais, através da distribuição no tempo dos custos a suportar pelo agente económico. O que apesar de gerar um ganho financeiro para este não provoca a sua desresponsabilização na resolução do problema.

[16] Entre estas incluem-se as medidas de apoio concedidas pela Alemanha a favor da conservação da energia, da gestão de resíduos e do desenvolvimento de novas tecnologias limpas (Comunicações da Comissão Europeia à Imprensa IP/94/301, IP/94/552, IP/94/614 e IP/94/720, Competition Directorate of the European Commission, *EC Competition Policy*

O Enquadramento delineado em 1994 foi revisto em 1996, tal como determinava o seu ponto 4.3., sem que, então, se aferisse qualquer necessidade de alteração. Em Dezembro de 1999, data em que estava previsto o fim da vigência do quadro legal, decidiu-se prolongar a sua validade até 30 de Junho de 2000[17]. O regime legal inicialmente definido mostrava-se, no entanto, ainda adequado à realidade, pelo que dois dias antes do dia previsto para o seu termo o prazo de validade do Enquadramento foi novamente estendido, desta vez até 31 de Dezembro de 2000[18]. Em Fevereiro de 2001, surgiu uma informação da Comissão que veio actualizar o Enquadramento de 1994[19], tendo em especial atenção o Livro Branco para o Uso de Energias Renováveis[20] e a necessidade de proceder à limpeza de zonas industriais poluídas e de conceber um período de tempo adequado para a concessão de subsídios[21]. Estas novas linhas orientadoras[22], em vigor até finais de 2007, aplicam-se aos auxílios estatais a favor do ambiente concedidos em todos os sectores regulados pelo Tratado CE, incluindo os que estão sujeitos a regras comunitárias específicas (indústria metalúrgica[23], indústria naval, veículos motorizados, fibras sintéticas, transportes e pescas[24]). São, toda-

---

Letter, vol. 1, nº 2, Summer 1994, pp. 53-55), os subsídios atribuídos pela Holanda a projectos de tratamento de resíduos sólidos, de limpeza de locais poluídos, de controlo de ruídos e de desenvolvimento e disseminação de tecnologias (Comunicação da Comissão Europeia à Imprensa IP/94/671, Competition Directorate of the European Commission, *EC Competition Policy Letter*, vol. 1, nº 2, Summer 1994, p. 55), além de apoios no domínio da fiscalidade ambiental. Foram, ainda, aprovadas ajudas a favor da protecção ambiental em Trento (Comunicação da Comissão Europeia à Imprensa IP/94/671, Competition Directorate of the European Commission, *EC Competition Policy Letter*, vol. 1, nº 2, Summer 1994, p. 54), medidas de apoio à reciclagem e reuso de materiais na Catalunha (Comunicação da Comissão Europeia à Imprensa IP/94/672, Competition Directorate of the European Commission, *EC Competition Policy Letter*, vol. 1, nº 2, Summer 1994, p. 55) e um regime de subvenções para o tratamento de óleos usados e para a redução de resíduos plásticos na Andaluzia (Comunicação da Comissão Europeia à Imprensa IP/94/721, Competition Directorate of the European Commission, *EC Competition Policy Letter*, vol. 1, nº 2, Summer 1994, p. 55).

[17] JOCE n.º C 14, 19 de Janeiro de 2000, p. 8.

[18] JOCE n.º C 184, 1 de Julho de 2000, p. 25.

[19] JOCE n.º C 37, 3 de Fevereiro de 2001, pp. 3-15.

[20] COMISSÃO EUROPEIA, *Energia para o Futuro: Fontes de Energia Renováveis. Livro Branco para uma Estratégia e um Plano de Acção Comunitários*, COM(97) 599 final, de 26 de Novembro de 1997, pp. 15-16.

[21] Conselho de Ministros da Comunidade n. 2278, Luxembourg, 22 de Junho de 2000, comunicado de imprensa, p. 11.

[22] A Comissão propôs que as ajudas já concedidas aquando da entrada em vigor do novo Enquadramento fossem compatibilizadas com as novas linhas de orientação até 1 de Janeiro de 2002 – JOCE n.º C 37, 3 de Fevereiro de 2001, pp. 3-15, ponto 77.

[23] Por força do artigo 3º da Decisão da Comissão n.º 2496/96/CECA, de 18 de Dezembro de 1996 (JOCE n.º L 338, 28 de Dezembro de 1996, pp. 42 e ss.), que estabeleceu as regras comunitárias relativas aos auxílios do Estado no sector da indústria metalúrgica, as ajudas concedidas neste sector continuarão a ser apreciadas à luz do regime disposto no JOCE n.º C 72, 10 de Março de 1994, até ao termo da vigência do Tratado CECA.

[24] No que se refere às pescas e à aquacultura, as regras em causa não prejudicam a

via, excluídas do seu âmbito de aplicação as ajudas concedidas no sector agrícola[25]. Os auxílios para investigação e desenvolvimento no domínio do ambiente continuam a estar sujeitos às regras gerais definidas para as ajudas concedidas com esse intuito[26]. A Comissão entendeu que as características dos apoios concedidos pelos Estados-membros no âmbito de acções de formação não justificam o seu tratamento autónomo. Pelo que os mesmos devem ser apreciados à luz das disposições do Regulamento n. 68/2001, de 12 de Janeiro de 2001[27], respeitante à aplicação dos artigos 87º e 88º do Tratado CE à espécie de auxílios em causa[28]. Note-se, no entanto, que, no âmbito do regime dos auxílios *de minimis*, as ajudas num montante inferior a EUROS 100.000 atribuídas por um período até três anos não estão sujeitas à compatibilidade com o artigo 87º do Tratado CE[29]. Não são, ainda, abrangidos pelo Enquadramento os custos que as empresas suportam em virtude de compromissos que assumiram e que já não conseguem honrar devido à liberalização do sector onde se inserem[30].

O Enquadramento comunitário é aplicável a qualquer ajuda concedida por um Estado-membro, independentemente de a mesma ser parcial ou totalmente financiada através de fundos comunitários[31]. E as ajudas concedidas ao abrigo do Enquadramento não podem ser combinadas com outras formas de auxílio na acepção prevista no artigo 87º, n. 1, do Tratado CE ou com outras formas de financiamento comunitárias quando essa sobreposição gera uma intensidade da ajuda superior àquela que é admitida pelo Enquadramento. Sempre que o auxílio de Estado sirva uma multiplicidade de interesses e envolva os mesmos custos elegíveis, ser-lhe-á aplicável o limite mais favorável.

Ao ser chamada a pronunciar-se sobre qualquer sistema de auxílios de Estado, quer na definição de novas regras quer na aplicação das normas em vigor, a Comissão adoptará uma abordagem integrada, conforme exige o artigo 6º do Tratado CE. Pelo que esta instituição comunitária deverá averiguar a utilidade de se exigir um estudo de impacto ambiental ao Estado-membro sempre que a dimensão do sistema de ajudas notificado o justifique, independentemente de qual seja o sector em causa[32].

Ao longo deste período iniciado em 1994 foram concedidos múltiplos auxílios estatais a favor do ambiente todos os anos a empresas a operar no espaço

---

aplicação do Regulamento n.º 2792/99 do Conselho, 17 de Dezembro de 1999, JOCE n.º L 337, 30 de Dezembro de 1999, p. 10.

[25] JOCE n.º C 28, 1 de Fevereiro de 2000, pp. 2 e ss.

[26] JOCE n.º C 45, 17 de Fevereiro de 1996, p. 5.

[27] JOCE n.º L 10, 13 de Janeiro de 2001, pp. 20 e ss.

[28] JOCE n.º C 37, 3 de Fevereiro de 2001, pp. 3-15, ponto 7.

[29] Regulamento n.º 69/2001, 12 de Janeiro de 2001, JOCE n.º L 10, 13 de Janeiro de 2001, pp. 30 e ss. Este regulamento não se aplica, no entanto, à agricultura, às pescas, aos transportes e aos sectores abrangidos pelo Tratado CECA.

[30] JOCE n.º C 37, 3 de Fevereiro de 2001, pp. 3-15, p. 13.

[31] JOCE n.º C 37, 3 de Fevereiro de 2001, pp. 3-15, ponto 74.

[32] JOCE n.º C 37, 3 de Fevereiro de 2001, pp. 3-15, ponto 83.

comunitário[33]. Exemplos que vêm confirmar a enorme relevância que os auxílios de Estado a favor do ambiente têm na política ambiental dos vários Estados--membros, sendo utilizados por estes nos mais diversos sectores. Esta importância foi sentida especialmente a partir dos fins da década de 80, quando a Comissão deu os primeiros sinais de que a solução para o problema da degradação ambiental não estava no uso exclusivo de medidas legislativas nos programas de acção, começando a chamar à luz da ribalta os instrumentos baseados no mercado. Entre 1996 e 1998, esta espécie de auxílios representou na UE em média 1,85 por cento do montante total de ajudas concedidas à indústria e aos serviços[34]. A forma mais usada para a concessão destes auxílios entre 1994 e 1999 foi a do subsídio. Nota-se também que após 1994, e em especial entre 1998 e 1999, o montante das ajudas concedidas no domínio da energia sofreu uma evolução significativa, estando as mesmas predominantemente associadas ao uso de impostos ambientais[35]. O Protocolo de Kyoto impôs um novo contexto a este sector, onde passou a ser frequente a concessão de auxílios estatais sob novas formas, como sejam, *v.g.*, as isenções fiscais e as taxas de imposto mais reduzidas do que o regime geral. Este novo desenvolvimento criou a necessidade de se proceder à revisão das linhas orientadoras fixadas em 1994, de modo a repor a segurança jurídica. Uma vez que os Estados-membros vinham ultimamente a ser confrontados com novos critérios de apreciação da compatibilidade das ajudas concedidas com o Direito Comunitário.

O princípio orientador não deixou de ser a necessidade de concessão de auxílios estatais para a defesa do equilíbrio ambiental e para o desenvolvimento

---

[33] Em Dezembro de 1997, a Comissão autorizou a concessão de numerosos auxílios pelos Estados-membros no âmbito das disposições dos artigos 87º e 88º do Tratado CE. Em 28 de Setembro de 1997, o Governo dinamarquês criou um auxílio que teve como objectivo apoiar, através de incentivos fiscais, a adaptação a um novo pacote de medidas no domínio da energia, com vista à redução das emissões de CO_2 e SO_2. Esse auxílio traduzia-se no reembolso de 0,55 por cento do imposto sobre o SO_2, com a possibilidade de as empresas utilizarem os reembolsos não explorados do imposto. Foi previsto que se procedesse à revisão da ajuda em 1998 (JOCE nº C 377 de 12 de Dezembro de 1997, p. 2). Em 24 de Setembro de 1997, foi adoptado pela Holanda um auxílio destinado a encorajar a divulgação e uma maior aplicação de uma nova tecnologia ambiental, o qual tinha por destinatários as PME. A Comissão não levantou objecções à sua atribuição, admitindo que o Estado apoiasse os "projectos de medição" até 50 por cento e os "projectos de primeira aplicação" até 25 por cento. Não foi fixada uma duração para a atribuição da ajuda, a Comissão limitou-se a exigir ao Estado holandês a apresentação de um relatório anual (JOCE nº C 395 de 31 de Dezembro de 1997, p. 12). A Comissão autorizou ainda um auxílio concedido pela Holanda, em 21 de Outubro de 1997, com o objectivo de promover a passagem do tráfego rodoviário para modos de transporte mais ecológicos, aliviando assim o congestionamento das estradas e beneficiando o ambiente. Neste caso houve a preocupação de fixar à concessão do auxílio a duração de cinco anos (1997-2001), determinadas condições e o limite de 50 por cento do custo adicional (JOCE nº C 377 de 12 de Dezembro de 1997, p. 3).

[34] COM(2000) 205 final, 11 de Abril de 2000.

[35] JOCE n.º C 37, 3 de Fevereiro de 2001, pp. 3-15, ponto 27, e COM(2000) 205 final, 11 de Abril de 2000.

sustentável sem se incorrer em prejuízos desproporcionados para a concorrência e o crescimento económico[36]. Esta análise deve, contudo, agora, ser realizada à luz dos ensinamentos obtidos com a aplicação do Enquadramento de 1994 e das alterações entretanto ocorridas na política ambiental. As medidas de poupança energética, que combinam a produção de energia e de calor, o uso de fontes renováveis de energia e as ajudas concedidas com o objectivo de facilitar o cumprimento de novas imposições legais introduzidas a nível comunitário passaram, assim, no segundo quadro legal, a ser objecto de uma particular atenção. A Comissão reforçou o seu posicionamento, já defendido em 1994, de que as ajudas que tem por objectivo apoiar o investimento necessário ao cumprimento de obrigações legais já em vigor não se consideram justificadas[37], mas mostrou-se complacente em determinados casos, tendo em conta que a generalidade dos Estados-membros têm vindo a introduzir impostos ambientais ou a estudar essa possibilidade e que a concessão de isenções ou reduções no âmbito desses impostos é um uso comum em sectores especialmente vulneráveis à concorrência externa. A Comissão não tem dúvidas de que tal espécie de medidas representa um auxílio de Estado, todavia, entende que os efeitos adversos que são gerados pelas mesmas podem ser compensados pelos efeitos positivos derivados da introdução do imposto[38]. Assim, aceita-se que esses auxílios sejam atribuídos quando se mostrem necessários para assegurar a adopção ou a continuação da aplicação de tais gravames, desde que sujeitos a determinadas condições e durante um período limitado de tempo. Esse período pode ir até dez anos desde que se observem os requisitos especificados. As ajudas deste género já atribuídas pelos Estados podem ser novamente submetidas à apreciação da Comissão, que as julgará nos mesmos termos em que o fazia durante a vigência do Enquadramento anterior, tendo em conta os seus benefícios em termos ambientais[39]. Do mesmo modo, os auxílios concedidos para promover o uso de fontes de energia renováveis e a poupança energética são aceites verificadas que sejam determinadas condições[40].

1. *A NOÇÃO COMUNITÁRIA DE AJUDA DE ESTADO*

A noção de auxílio estatal subjacente ao artigo 87º do Tratado CE é bastante lata[41], abrangendo todas as intervenções que, independentemente da forma

---

[36] JOCE n.º C 37, 3 de Fevereiro de 2001, pp. 3-15, ponto 5.

[37] JOCE n.º C 37, 3 de Fevereiro de 2001, pp. 3-15, ponto 20.

[38] JOCE n.º C 37, 3 de Fevereiro de 2001, pp. 3-15, ponto 23.

[39] JOCE n.º C 37, 3 de Fevereiro de 2001, pp. 3-15, ponto 23.

[40] JOCE n.º C 37, 3 de Fevereiro de 2001, pp. 3-15, ponto 24.

[41] O TJC definiu como constituindo auxílios estatais "(...) as decisões dos Estados-membros que, prosseguindo objectivos sociais e económicos que lhe são próprios, por meio de decisões unilaterais e autónomas, põem à disposição das empresas ou de outros sujeitos de direito recursos ou lhes facilitam vantagens destinadas a favorecer a realização dos objec-

utilizada[42], "aligeirem os encargos que normalmente pesam sobre o orçamento de uma empresa"[43]. Constituirá um auxílio para efeitos deste artigo uma atribuição ou um benefício de carácter patrimonial, concedido pelo Estado ou por outro sujeito[44] que se sirva para o efeito de recursos estatais[45/46], que se traduza numa vantagem para uma dada empresa e que provoque ou possa provocar uma alteração das condições concorrenciais no interior do mercado comunitário[47]. A intervenção em causa não deve ter como contrapartida uma prestação específica do beneficiário da ajuda a favor do Estado[48/49], pelo que aquele obterá uma vantagem anormal em detrimento das restantes empresas que não beneficiam da

---

tivos económicos e sociais prosseguidos" – Acórdão do TJC, de 27 de Março de 1980, processo 61/79, caso "Denkavit Italiana", Recueil, 1980, N. 3, pp. 1205-1236, p. 1228.

[42] A Comissão já classificou como auxílio estatal a atribuição da possibilidade de comercializar a energia solar a preços inferiores aos constantes das tarifas oficiais, bem como a isenção, total ou parcial, de certas empresas do pagamento do imposto sobre o CO2 e a energia. Cfr. Relatório sobre política da concorrência de 1992, ponto 449 e 451; Decisão nº 2496/96/ECSC da Comissão, que fixa regras para os auxílios a favor do ambiente a atribuir no sector do aço, (JOCE nº L 338 de 28 de Dezembro de 1996); Boletim da CE 12-1996, pontos 1.3.77 e 1.3.91; Boletim da CE 1 / 2-1997, pp. 35-54.

[43] NOGUEIRA DE ALMEIDA, *A Restituição das Ajudas de Estado Concedidas em Violação do Direito Comunitário*, Studia Juridica, Coimbra, 1997, p. 17.

[44] Nos termos do 14º Relatório sobre política da concorrência, ponto 201, serão consideradas como Estado todas as pessoas colectivas de direito público, de base territorial ou não, e as pessoas colectivas de direito privado sobre as quais o Estado exerça uma influência dominante ou que foram por ele incumbidas da tarefa de atribuição de auxílios ou da atribuição de determinada ajuda, isto é, tenham actuado sob o controlo e instruções dos poderes públicos. Cfr., entre outros, acórdão do TJC, de 22 de Março de 1977, p. 616, e acórdão do TJC, de 30 de Janeiro de 1985, processo 290/83, caso "Comissão contra França", Recueil, 1985, fund. 14, p. 439. Neste sentido ver, ainda, NOGUEIRA DE ALMEIDA, *A Restituição das Ajudas...*, 1997, p. 19.

[45] Serão recursos públicos os recolhidos e repartidos pelo Estado, ainda que sejam administrados por instituições privadas. Cfr. CORDEIRO MESQUITA, *O Regime Comunitário dos Auxílios de Estado e as sua Implicações em Sede de Benefícios Fiscais*, Ciência e Técnica Fiscal, Ns. 346/348, Outubro/Dezembro 1987, pp. 125 e ss., pp. 137-138.

[46] Para efeitos do carácter estatal da ajuda será mais relevante a autoridade que está na origem das medidas do que o organismo ou a pessoa que financia a ajuda. Cfr. NOGUEIRA DE ALMEIDAA, *A Restituição das Ajudas...*, 1997, p. 26.

[47] MALINCONICO, *Tutela della concorrenza ed aiuti di Stato nell´ordinamento comunitario*, Rivista Italiana di Diritto Pubblico Comunitario, Anno II, nº 2/92, p. 434.

[48] Verifica-se assim um sacrifício patrimonial para o Estado, através da realização de despesas ou da renúncia a receitas, que se traduz num custo directo ou indirecto para um orçamento público, seja ele o do Estado ou o de uma outra qualquer pessoa jurídica de direito público.

[49] Por essa razão o TJC entendeu que não constituíam auxílios no sentido do artigo 87º e seguintes do Tratado CE as indemnizações concedidas às empresas que procediam à recolha de óleos usados, uma vez que os montantes pagos apresentavam-se como uma contrapartida da actividade de recolha ou de eliminação dos referidos óleos que essas empresas desenvolviam. Acórdão do TJC, de 7 de Fevereiro de 1985, processo 240/83, caso "A.D.B.H.U.", Recueil, 1985, Parte II, pp. 531-552, p. 550.

mesma medida, quer estas estejam localizadas no mesmo Estado-membro quer estejam localizadas no território de um outro país comunitário[50]. Será pois abarcada pela definição qualquer ajuda, "independentemente da forma"[51] que assuma, seja esse auxílio concedido directa ou indirectamente, a nível nacional ou a nível local, de forma permanente ou temporária[52], em conformidade ou em desconformidade com o direito nacional do Estado que o concede, através de uma medida de natureza legislativa, administrativa ou regulamentar, e independentemente da causa ou objectivo que presidiu à sua atribuição.

Os auxílios estatais podem traduzir-se em medidas individuais, que têm por destinatária uma única empresa[53], pública[54] ou privada, ou em medidas que visam abranger uma multiplicidade de entidades. Neste último caso, os auxílios podem ser concedidos a um conjunto de empresas em função do sector[55] ou da região onde estas se inserem ou podem ser concedidos em geral[56], isto é, abstraindo

---

[50] Kovar, *Les prises de participation et le régime communautaire des aides d´État*, Revue Trimestrielle de Droit Commercial et de Droit Économique, nº 1, 1992, pp. 109-157, p. 110.

[51] A Comissão tem classificado como auxílios, por exemplo, a fixação de condições preferenciais para o fornecimento de bens ou para a prestação de serviços, a concessão de empréstimos a taxa de juro bonificada, os benefícios fiscais e parafiscais, a atribuição de subvenções e a prestação de garantias em condições especialmente favoráveis.

[52] Cordeiro Mesquita, *O Regime Comunitário dos Auxílios....*, 1987, p. 132.

[53] O regime comunitário dos auxílios estatais aplica-se exclusivamente às ajudas concedidas a empresas e não às ajudas concedidas a sujeitos privados. Uma redução fiscal concedida a sujeitos privados que adquiram veículos automóveis equipados com tecnologias limpas não cairá assim no âmbito do artigo 87º do Tratado CE. Porquanto, ainda que a mesma possa, indirectamente, favorecer os produtores dos veículos em causa, ela beneficiará por igual os que se situem dentro e os que se localizem fora do território do Estado que concede a ajuda. Esta afirmação é confirmada pela decisão favorável da Comissão, tomada ao abrigo do artigo 88º do Tratado CE, relativamente às isenções fiscais concedidas pela Holanda e pela Alemanha na compra de viaturas equipadas com catalisador para uso particular. Cf. 15º Relatório sobre política da concorrência (1985), pontos 224-225; Pedro Manuel Herrera Molina, "Desgravaciones tributarias y protección del medio ambiente (análisis a la luz de los principios constitucionales y del derecho europeo)", in Ana Yábar Sterling (ed.), *Fiscalidad Ambiental*, Barcelona: Cedecs Editorial S.L., 1998, pp. 133-159, p. 156; M. Wasmeier, *Umweltabgaben und Europarecht*, München: Verlag C. H. Beck, 1995, p. 195; Sadeleer, *Le Droit Communautaire...*, 1995, pp. 192-193; e E. Garbitz e C. Zacker, *Scope for Action by the EC Member States for the improvement of environmental protection under EEC-law: the example of environmental taxes and subsidies*, Common Market Law Review, Vol. 26, 1989, p. 429.

[54] Esta abstracção da titularidade do capital social da empresa é relevante na medida em que, em determinadas áreas, a protecção ambiental está a cargo de empresas públicas. Veja-se, a título de exemplo, o caso da recolha e eliminação de resíduos domésticos.

[55] A posição da Comissão relativamente a auxílios sectoriais tem sido no sentido de prestar especial atenção às indústrias em crise e às indústrias em crescimento. Os novos domínios dos produtos, dos serviços e das tecnologias ambientalmente orientados, que em muitos casos não são ainda suficientemente competitivos, incluir-se-ão nesta segunda categoria.

[56] A Comissão tem entendido que, em geral, estes auxílios, por abstraírem de objectivos de ordem sectorial ou regional, são "opacos", não preenchendo os requisitos de aplicação do

desses dois factores, utilizando um outro critério para individualizar os beneficiários da ajuda[57]. A indeterminação inicial dos destinatários da medida dificulta a apreciação desta pela Comissão[58/59]. O auxílio deve, no entanto, ter uma natureza selectiva[60], uma medida de política económica geral não cabe na hipótese legal do artigo 87º do Tratado CE[61].

A repartição da carga fiscal pelos vários sectores da economia através de despesas fiscais que se apliquem indiscriminadamente a todas as empresas não constitui auxílios estatais. Assim, medidas de carácter de pura técnica fiscal, como, *e.g.*, a fixação das taxas de tributação, das regras de depreciação e amortização e em matéria de reporte de prejuízos, e medidas que têm um objectivo de política económica geral, reduzindo ou aumentando a carga fiscal que onera determinados custos de produção, *v.g.*, os ambientais, não são contrárias ao artigo 87º do Tratado CE[62]. O facto de alguns agentes beneficiarem mais do que outros das referidas medidas não invalida esta afirmação. Apenas isenções que não se justifiquem "pela natureza ou pela economia do sistema" se podem considerar vedadas aos Estados-membros, a quem incumbe a prova de que o carácter distinto das medidas se justifica por tal racionalidade[63]. Assim, acontecerá com medidas que visam aproximar os encargos suportados por determinadas empresas, mais afectadas pela disparidade entre os sistemas fiscais, dos que

---

nº 3 do artigo 87º do Tratado CE. Nestes casos, a Comissão tem optado por requer que o Estado-membro em causa lhe comunique um plano de aplicação regional ou sectorial que enquadre o auxílio em questão ou os casos individuais de aplicação mais relevantes, para poder ficar habilitada a pronunciar-se sobre a compatibilidade da atribuição do auxílio com o mercado comum e a apreciar os efeitos do regime em causa sobre as trocas intracomunitárias e sobre a concorrência. Ver decisão da Comissão Europeia de 29 de Julho de 1986 (JOCE nº L 342 de 5 de Dezembro 1986, pp. 32-35, p. 32). Cfr., ainda, Cordeiro Mesquita, *O Regime Comunitário dos Auxílios....*, 1987, p. 169.

[57] Pode apontar-se, como exemplo desta última situação, o caso em que o Estado concede uma isenção, ainda que temporária e condicionada, a todas as entidades empresariais que reduzam em determinado montante as suas emissões poluentes relativamente a um imposto a que as mesmas estavam sujeitas.

[58] Malinconico, *I Beni Ambientale*, 1991, p. 441.

[59] A Comissão está atenta à cumulação de auxílios de vários tipos, apreciando neste caso a compatibilidade da ajuda com as normas comunitárias com base no montante total cumulado e não com base em cada regime individualmente considerado.

[60] Uma medida de apoio à exportação dos produtos nacionais, ainda que não discrimine entre estes, preenche o critério da selectividade. Cfr. acórdão do TJC, de 10 de Dezembro de 1969, processos 6 e 11/69, caso "Comissão contra França", Recueil, 1969, pp. 523-559, p. 541.

[61] F. Fichera, *Le agevolazioni fiscali*, Padova: Cedam, 1992, p. 232.

[62] Cf. ponto 13-20 da Comunicação da Comissão sobre a aplicação das regras relativas aos auxílios estatais às medidas que respeitam à fiscalidade directa das empresas, JOCE n.º C 384, de 10 de Dezembro de 1998, pp. 3 e ss.

[63] Cf., *v.g.*, Decisão 96/369/CE da Comissão, de 13 de Março de 1996, JOCE n.º L 146, de 20 de Junho de 1996, p. 42.

CADERNOS *CEDOUA*

recaiem sobre os seus concorrentes noutro Estado-membro[64]. Pelo que não é admissível, *v.g.*, que se reduza a taxa de IRC das indústrias que consomem intensivamente energia num país onde este consumo é tributado para atenuar a disparidade da posição competitiva em que estas se encontram face às suas concorrentes localizadas em Estados onde um gravame semelhante não existe.

2. AS DERROGAÇÕES ADMITIDAS PELA *UE* AO *PPP*

Nos termos do nº 4 do artigo 130º-S do Tratado de Maastricht, sem prejuízo de certas medidas de carácter comunitário, os Estados-membros são responsáveis pelo financiamento e execução da política ambiental. E no artigo 6º do Tratado CE impõem-se que as exigências ambientais sejam integradas na definição e execução das políticas e acções da Comunidade, salientando-se a importância de através desse mecanismo se estar a contribuir para a promoção do desenvolvimento sustentável[65]. Há então que coordenar a política ambiental com a política da concorrência. Torna-se assim necessário buscar uma base legal para a adopção de medidas que, sendo embora necessárias à promoção de um ambiente ecologicamente equilibrado, possam colocar em causa a construção do mercado comum.

Segundo a Recomendação de 1974 da OCDE, as excepções ao PPP só seriam admitidas quando preenchessem três grandes requisitos. Por um lado, deviam ser selectivas e restritas àqueles sectores da economia onde a sua não admissão geraria graves dificuldades. Segundo, tais excepções deviam limitar-se a períodos transitórios claramente definidos e adaptadas aos problemas sócio-económicos específicos associados à implementação do programa ambiental do país em causa. E, terceiro, não deviam criar distorções significativas no comércio e investimento internacionais. Relativamente às novas empresas, as excepções ao

---

[64] Acórdão do TJC, de 2 de Julho de 1974, processo 173/73, caso "Itália contra Comissão", Recueil, 1974, Parte I, pp. 709-729, pp. 718-719.

[65] Pescatore, *Les objectifs de la Commnauté européenne comme principe d'interprétation dans la jurisprudence de la Cour de justice*, in Miscellanea W. J. Ganshof Van der Meersch, t. II, LJDJ, 1972, pp. 325-363, *apud* M. C. BERGERÈS, *Contentieux communautaire*, P.U.F., 1989, p. 74, disse: "[Os] Tratados que instituem as Comunidades estão inteiramente imbuídos de teleologia: longe de consagrar como tantos outros actos internacionais, permutas de prestações, ajustamentos de interesses recíprocos, delimitação de zonas de poder..., os Tratados que instituíram as Comunidades foram inteiramente fundados sobre a noção de objectivos a atingir. Estes objectivos traduzem-se, grosso modo, na realização do "mercado comum", noção mais intuitiva que jurídica e que esconde por sua vez objectivos mais precisos". Actualmente, porém, os Tratados já não são puras constituições económicas, nem os direitos fundamentais que consagram se resumem às quatro liberdades económicas. De acordo com o artigo 2º do Tratado CE, pode-se considerar que o objectivo último das políticas e das acções comunitárias é hoje a promoção do desenvolvimento sustentável, não sendo a criação do mercado comum e a união económica e monetária mais do que instrumentos a utilizar na prossecução desse fim.

PPP só seriam de admitir em caso de especiais dificuldades, adoptando-se uma posição mais restritiva do que em relação às empresas já instaladas. Sem, no entanto, se proibir em absoluto a concessão de auxílios às novas empresas. Percebe-se, assim, que o PPP na versão da OCDE se aplica primordialmente às indústrias que concorrem no mercado internacional.

A Comissão Europeia construiu a sua abordagem a este problema com base na referida recomendação da OCDE, afirmando a consciência de que o mercado é insuficiente para garantir em determinadas situações a prossecução de objectivos sociais e económicos sem se incorrer em custos sociais intoleráveis ou em demoras incomportáveis[66]. Quando tal aconteça, no entendimento da Comissão, deve admitir-se a necessidade de os poderes públicos intervirem para colmatar as insuficiências no funcionamento da oferta e da procura[67]. O legislador comunitário considerou por isso que, em alguns casos, devido à necessidade de compatibilizar a construção do mercado comum com outros objectivos prosseguidos pela Comunidade, se justificava presumir a compatibilidade entre a atribuição de auxílios estatais e a construção do mercado comum. Assim, quando se perscruta o Tratado CE em busca de uma base legal para os apoios de Estado a favor do ambiente três disposições se apresentam como merecedoras de uma especial atenção: a alínea b) do nº 2 e as alíneas b) e c) do nº 3, ambos do artigo 87º. As alíneas b) e c) do nº 3 do artigo 87º serão aquelas a que, normalmente, a Comissão poderá recorrer para autorizar este tipo de intervenções dos poderes públicos. Mas é ao abrigo da alínea c) da mesma disposição que a Comissão admite a maioria das ajudas. O TJC reconheceu à Comissão um poder discricionário importante na apreciação do "interesse europeu comum" a que se refere a referida alínea c)[68]. Ao abrigo desta norma a Comissão pode assim autorizar os auxílios que se traduzam em acções concertadas de dois ou mais Estados--membros com vista à protecção do equilíbrio ecológico no espaço comunitário, bem como os projectos individuais que envolvam ajudas a conceder às empresas com o objectivo de combater a "ameaça comum"[69] que a poluição constitui. A Comissão analisa a compatibilidade destes apoios com a ordem jurídica comunitária através da ponderação dos efeitos adversos na concorrência e dos efeitos benéficos no ambiente que resultam da sua atribuição. É a este órgão comunitário que compete verificar, quer em sede preventiva (relativamente aos projectos de auxílio) quer em sede sucessiva (relativamente aos auxílios existentes), se as

---

[66] Esta insuficiência do mercado é bem patente a nível ambiental.

[67] BOTELHO MONIZ, *O Regime Jurídico dos Auxílios Públicos às Empresas na Comunidade Europeia,* ROA, Ano 47º, Abril de 1987, pp. 27 e ss., p. 37.

[68] Veja-se, entre outros, acórdão do TJC, de 8 de Março de 1988, processos 62 e 72/87, caso "Glaverbel", Recueil, 1988, N. 3, pp. 1589-1599, p. 1595; e do Tribunal de Primeira Instância das Comunidades, de 27 de Janeiro de 1998, processo T-67/94, caso "Ladbroke", Colectânea, 1998, Ns. 1/2, pp. II-1-II-75, p. II-57, que refere várias outras decisões do TJC.

[69] Expressão de SADELEER, *Le Droit Communautaire...*, 1995, p. 193. E, citando NICOLAS MOUSSIS, *Access to European...*, 1997, p. 280, antes de existir um "common market in goods" já existia um "common market in terms of pollution".

CADERNOS *CEDOUA*

ajudas concedidas pelos Estados-membros com evocação de qualquer uma das alíneas do nº 2 do artigo 87º do Tratado CE, que não necessitam da sua autorização especial mas que estão sujeitas ao seu controlo, cabem efectivamente na hipótese legal desta norma. Assim, não obstante estas ajudas serem compatíveis *ipso iure* com o mercado comum, elas não deixam de estar sujeitas a notificação prévia à Comissão.

Segundo o artigo 87º, n. 2 do Tratado CE, não serão proibidas as ajudas de natureza social atribuídas a consumidores individuais, desde que na sua atribuição não se discrimine em função da origem do produto (artigo 87º, n. 2, a), do Tratado CE), os auxílios que visem a reparação de "danos causados por calamidades naturais ou por outros acontecimentos extraordinários" (artigo 87º, n. 2, b), do Tratado CE) e os que se destinem a apoiar a economia de certas regiões da Alemanha (artigo 87º, n. 2, c), do Tratado CE). Em todos estes casos entendeu-se que os benefícios decorrentes da concessão dos auxílios compensam ou ultrapassam os prejuízos que esta atribuição provoca no livre funcionamento do mercado[70], desempenhando aqui o critério da proporcionalidade um papel preponderante[71]. Além destas situações, estão previstos no nº 3 do mesmo artigo outros casos em que aquela compatibilidade pode ser declarada pela Comissão após uma apreciação casuística[72]. Nesta apreciação a Comissão tem em conta tanto a origem como a aplicação da receita pública em causa. Esta análise abrangente é defendida pelo TJC, o qual afirma que a Comissão, na formação do seu juízo, deve atender a todos os elementos que directa ou indirectamente estão em causa, incluindo as situações de ajuda indirecta, o financia-

---

[70] Botelho Moniz, *O Regime Jurídico dos Auxílios...*, 1987, p. 42.

[71] O caso do apoio concedido pelo Governo holandês à construção e exploração de instalações de tratamento de resíduos orgânicos é um exemplo da importância decisiva que o equilíbrio entre a construção do mercado único e a protecção do ambiente tem para a decisão da Comissão sobre a admissibilidade do auxílio. Sadeleer, *Le Droit Communautaire...*, 1995, pp. 201-202, cita mais dois exemplos de situações em que a Comissão fundou a sua decisão directamente num juízo de proporcionalidade. No caso da concessão de auxílios pelo Governo Regional de Wallon (Bélgica) às empresas que instalassem equipamentos menos poluentes e às empresas que os produzissem, a Comissão considerou verificar-se uma manifesta desproporcionalidade entre o favorecimento da posição concorrencial das empresas produtoras das tecnologias e o benefício daí resultante para o ambiente (JOCE nº C 100 de 9 de Abril de 1994, p. 5). Já no caso da redução da carga fiscal incidente sobre as empresas dinamarquesas que utilizassem pelo menos 50 por cento de material reciclável como matéria prima, justificada, segundo o Governo dinamarquês, pela penalização que estas empresas sofriam em sede de imposto sobre a eliminação de resíduos, já que a utilização de material reciclado ao longo do processo produtivo provoca a produção de uma maior quantidade de resíduos, foi autorizada pela Comissão com base na alínea c) do nº 3 do, então, artigo 92º do Tratado CE (JOCE nº C 82 de 27 de Março de 1991, pp. 3-4, p. 3).

[72] Ao contrário do que acontece no nº 2 do artigo 87º do Tratado CE, onde a Comissão só dispõe de poderes de verificação dos pressupostos da derrogação, no nº 3 da mesma norma ela goza de uma competência discricionária. Cfr. J. J. Nogueira de Almeida, *A Restituição das Ajudas...*, 1997, p. 32, e F. Fichera, *Le agevolazioni fiscali*, Padova: Cedam, 1992, pp. 238-239.

mento do auxílio e a relação entre o montante obtido através do instrumento de financiamento e o montante atribuído a título de auxílio[73].

Podem, assim, ao abrigo do referido artigo 87º do Tratado CE, ser considerados compatíveis com o mercado comum os auxílios que visam apoiar o desenvolvimento de regiões especialmente carenciadas (artigo 87º, n. 3, a), do Tratado CE). Os auxílios a regiões que não estejam nessas condições podem também ser autorizados, mas, neste caso, apenas se existir a garantia de que as condições das trocas comerciais não serão alteradas "de maneira que contrarie o interesse comum" (artigo 87º, n. 3, c), do Tratado CE). Os auxílios que se destinem a "promover a cultura e a conservação do património", desde que verificada a mesma condição que foi referida para a categoria anterior (artigo 87º, n. 3, d), do Tratado CE) e os auxílios que produzam um benefício para toda a Comunidade, porque são atribuídos no âmbito de um "projecto importante de interesse europeu comum" ou porque se destinam a "sanar uma perturbação grave da economia de um Estado-membro" (artigo 87º, n. 3, b), do Tratado CE) estarão também em condições de ser admitidos. As ajudas que visam promover projectos de importante interesse europeu comum, que envolvem normalmente um benefício que ultrapassa a fronteira do Estado onde são atribuídas, devem mostrar-se necessárias para a prossecução do projecto, o qual deve ser específico, bem definido, qualitativamente relevante e realizar uma contribuição exemplar e evidente para o interesse europeu comum[74]. Caso em que a Comissão se reserva o direito de autorizar auxílios em montante superior àqueles que são previstos para as ajudas concedidas ao abrigo da alínea c) do mesmo artigo[75]. Além destas quatro categorias de auxílios, o Conselho, deliberando por maioria qualificada, sob proposta da Comissão, pode ainda decidir aprovar outro tipo de ajudas concedidas pelos Estados-membros[76]. Não se pode, no entanto, deixar de ter sempre presente a regra geral de que nenhum auxílio pode ser autorizado se a sua atribuição implicar a violação de qualquer outra disposição do direito comunitário[77].

A alínea b) do nº 1 do artigo 87º do Tratado CE autoriza, por razões de solidariedade, os "auxílios destinados a remediar os danos causados por calami-

---

[73] Acórdão do TJC, de 25 de Junho de 1970, processo 47/69, caso "França contra Comissão", Recueil, 1970, Parte I, pp. 487-505, p. 496.

[74] JOCE n.º C 37, 3 de Fevereiro de 2001, pp. 3-15, ponto 73.

[75] JOCE n.º C 37, 3 de Fevereiro de 2001, pp. 3-15, ponto 73.

[76] Alínea e) do nº 3 do artigo 87º do Tratado CE. Esta alínea tem uma intenção integrativa e não uma intenção derrogatória ("outras categorias de auxílio"). Cfr. CARLO MALINCONICO, *Tutela della concorrenza ed aiuti di Stato nell'ordinamento comunitario*, Rivista Italiana di Diritto Pubblico Comunitario, Anno II, N. 2, 1992, pp.431-469, p. 436. Ver, ainda, nº 2 do artigo 88º do Tratado CE.

[77] Deve ser dispensada uma atenção especial à compatibilidade do auxílio em causa com os artigos 23º, 25º, 28º a 30º e 90º do Tratado CE. Ver Comunicação da Comissão Europeia sobre Impostos e Taxas Ambientais no Mercado Comum, COM (97) 9 final, 26 de Março de 1997, p. 11.

dades naturais ou por outros acontecimentos extraordinários". Esta disposição legal, que à partida poderia ser considerada adequada a acolher este tipo de auxílios, por abranger medidas correctivas de situações que, pela sua dimensão, vão produzir um impacto significativo no ambiente, nunca serviu de base à Comissão para autorizar a concessão de auxílios a favor do ambiente, nem mesmo quando se verificaram alterações significativas do equilíbrio natural[78]. O que é compreensível, uma vez que esta norma, após um segundo olhar, se mostra inaplicável à quase totalidade dos casos em que se pretende atribuir um apoio financeiro a acções de protecção ambiental. Já que a poluição que se visa eliminar ou prevenir é fruto da acção do homem e não de uma calamidade natural e, na grande maioria dos casos, a sua ocorrência pode ser prevista com um grau de certeza razoável ou pelo menos pressentida com um grau de probabilidade considerável[79]. Podem configurar-se duas grandes categorias de situações passíveis de encontrar abrigo na alínea em causa, são elas, os casos de alteração significativa do equilíbrio do meio ambiente provocada por um fenómeno puramente natural e os casos de destruição ou dano em grandes dimensões de recursos naturais de cuja causa participa, em maior ou menor grau, a acção humana. Enquanto, no primeiro conjunto de situações, faz todo o sentido apoiar as empresas afectadas pela inesperada alteração das condições naturais do meio em que operam por razões a que o Homem é totalmente alheio, como sejam, por exemplo, os casos de seca, de chuvas torrenciais ou de incêndios com origem natural, tendo plena aplicação a referida disposição comunitária. Estes seriam, então, os únicos casos em que, no rigor dos conceitos, se deveria admitir a aplicação da mencionada alínea. Mas mesmo nestes a Comissão tem-se mostrado muito renitente em admitir ajudas às empresas ou à produção. Já nos casos de perturbação grave do equilíbrio ecológico para a qual o desenvolvimento da actividade económica contribuiu de forma directa ou indirecta, de forma predominante ou acessória, de forma exclusiva ou cumulativa, como sejam, as situações de poluição massiva, de que as chuvas ácidas são um exemplo, faz sentido optar, em primeiro lugar, pela aplicação de mecanismos de responsabilidade, sendo especialmente delicada a questão da aplicação do PPP nos casos em que as empresas que carecem do auxílio são as mesmas que participaram na produção do efeito que justifica a intervenção estatal. Muitas vezes os auxílios

---

[78] Cfr. Decisão nº 88/C 291/05 da Comissão (JOCE nº C 291/4 de 15 de Novembro de 1988, p. 11), e SADELEER, *Le Droit Communautaire...*, 1995, p. 193. Este autor afirma que as ajudas em matéria de ambiente não relevam normalmente desta alínea, ainda que, "(...) *a priori*, des modifications brutales des écosystèmes en raison d'un phénomène naturel ou d'un événement extraordinaire (sécheresse, incendies, pollution massive, réduction des ressources halieutiques, ...) devraient permettre l'octroi d'une aide accordée en application de cette disposition".

[79] Nos nossos dias, pensa-se que alguns dos grandes problemas ecológicos são mesmo uma consequência das cargas poluentes acumuladas, vejam-se os exemplos da camada de ozono e da poluição dos oceanos, logo situações que de forma alguma se podem classificar como "extraordinárias".

concedidos nestas circunstâncias às empresas encontram cobertura legal mais adequada noutras alíneas do mesmo artigo 87º, como sejam a alínea a) do seu nº 2 ou a alínea b) do seu nº 3. Sendo, todavia, sempre possível o recurso ao processo previsto na alínea e) deste nº 3, uma vez que os apoios a ser concedidos nestes casos têm um objectivo mais económico do que ambiental. A recuperação do meio em situações desta dimensão, porque estarão em causa opções de natureza política, terá normalmente que ser realizada através de acções planeadas e coordenadas a nível dos poderes públicos, e não das empresas, ainda que se possa recorrer a estas ao nível da consultadoria e da implementação. Contudo, quando tal aconteça, por existir como contrapartida da atribuição dos recursos públicos uma prestação específica do agente económico, não se estará perante um auxílio estatal.

Por força do Protocolo de Kyoto, assinado pelos Estados-membros e pela Comunidade e já ratificado por esta, existe uma obrigação de reduzir as emissões de gases causadores do efeito estufa durante o período 2008-2012 no valor de 8 por cento do nível atingido em 1990. Na ausência de disposições comunitárias neste domínio e sem prejuízo do direito de iniciativa da Comissão, caberá a cada Estado-membro formular as políticas, medidas e instrumentos que entender para dar cumprimento ao Protocolo. Por força das obrigações que assumiram, os Estados-membros terão, pois, que adoptar medidas conjuntas e políticas coordenadas[80]. Alguns dos instrumentos a que os governos podem recorrer para este efeito, como sejam, *v.g.*, as licenças de emissão, estão previstos no texto do Protocolo. Mas existem várias outras medidas de natureza económica que não estão aí expressamente previstas e que se admite poderem ser de grande utilidade. Assim, a Comissão admitiu que os Estados-membros pudessem fazer uso de auxílios de Estado para cumprir os objectivos estabelecidos pelo Protocolo. Contudo, considerou aquando da elaboração do Enquadramento de 2001 ser ainda demasiado cedo para proceder à fixação das condições em que tais ajudas seriam de admitir[81]. Pelo que quaisquer medidas adoptadas pelos Estados-membros com esta finalidade terão que se reger pelas normas, mais ou menos gerais, aplicáveis ao caso, ou seja, as regras previstas para os auxílios de Estado e para as ajudas a favor do ambiente.

3. AS MODALIDADES DE AUXÍLIOS DE ESTADO A FAVOR DO AMBIENTE

Um critério de distinção extremamente importante neste domínio é o da presença ou ausência de obrigações legais, variando as exigências colocadas à admissão de um auxílio em função do contexto no qual o mesmo é atribuído.

---

[80] COM(1999) 230, de 19 de Maio de 1999.
[81] JOCE n.º C 37, 3 de Fevereiro de 2001, pp. 3-15, ponto 71.

CADERNOS *CEDOUA*

Segundo a classificação da Comissão Europeia, os auxílios a favor do ambiente podem, ainda, ser agrupados em três grandes categorias: auxílios ao funcionamento, auxílios ao investimento e medidas horizontais[82].

3.1. Auxílios atribuídos na presença/ausência de obrigações legais

Uma primeira classificação dos auxílios de Estado a favor do ambiente distingue entre os que são atribuídos em caso de inexistência de uma imposição legal e os que são concedidos no caso de existência de uma imposição legal. Ambas as modalidades de auxílios desempenham um papel determinante na aproximação dos comportamentos ambientais das empresas que actuam dentro do espaço comunitário, ao promoverem a adopção generalizada de critérios ambientais mais exigentes. A Comissão, com o Enquadramento de 1994, deslocou, todavia, o fulcro da sua atenção dos auxílios à adaptação às novas normas para as ajuda ao cumprimento de padrões ambientais mais exigentes do que os impostos por lei[83]. Estão aqui em causa os esforços realizados pelas empresas para cumprir níveis de qualidade ambiental mais exigentes do que aqueles a que estão obrigadas ou para melhorar o seu comportamento ambiental na ausência de imposições legais. Quando a mesma matéria for regulada, com graus de exigência diferentes, por normas nacionais e por normas comunitárias, a norma a considerar para efeitos de determinação da compatibilidade da ajuda será a norma mais rigorosa. Mas entende-se que se está perante um auxílio destinado a melhorar as imposições comunitárias, e que, por isso, é passível de ser majorado, sempre que o mesmo se dirige à observância de níveis de qualidade ambiental não regulados por qualquer norma comunitária vinculativa ou à observância de níveis de qualidade ambiental impostos por normas nacionais que são mais exigentes do que as comunitárias. Esta segunda possibilidade é favorável à adopção pelos Estados-membros de estratégias pioneiras no domínio da política ambiental. Estes podem, através do recurso à cláusula de salvaguarda (artigo 176º do Tratado CE), impor à sua indústria limites mais exigentes do que os que vigoram na Comunidade sem que isso represente necessariamente uma redução da sua capacidade competitiva.

---

[82] Enquadramento comunitário dos auxílios estatais a favor do ambiente (JOCE nº C 72 de 10 de Março de 1994, pp. 3-9). Para maiores desenvolvimentos, leia-se CLAUDIA SOARES, *Auxílios de Estado a Favor do Ambiente no Direito Comunitário*, CEDOUA, Ano II, N. 2, Outubro 1999, pp. 53 e ss., p. 57-63.

[83] Esta mudança é coerente com o Quinto Programa relativo ao crescimento sustentável. Este documento estabelece uma inovação em relação aos anteriores, ao considerar que o cumprimento das imposições legais em matéria ambiental mais não constitui do que uma solução de segundo óptimo. Uma vez que essas imposições são meras soluções curativas, isto é, tentam resolver problemas que já ocorreram. O desejável são, então, as soluções preventivas, de consciencialização de todos os agentes económicos para a problemática ambiental. Cfr. GYSELEN, *The Emerging Interface...*, 1993, p. 5.

CADERNOS *CEDOUA*

Em 1994 a Comissão ainda considerava que a total internalização dos custos nem sempre era possível e que as ajudas podiam ser necessárias quando atribuídas numa base temporária. O contexto em que surge o Enquadramento de 2001 é, todavia, diverso daquele em que foi delineado o anterior. Por um lado, desde a adopção do Quinto Programa de Acção Comunitário em Matéria de Ambiente[84], o qual já se baseou no PPP, decorreram sete anos, ao longo dos quais os agentes económicos tiveram oportunidade de gradualmente se adaptar à lógica da internalização dos custos. Por outro lado, esta lógica tem sido oficialmente defendida repetidas vezes. Tanto o Relatório da Comissão sobre a evolução da aplicação do Quinto Programa[85] como o Relatório da Comissão de avaliação do estado do ambiente, de 1999, reafirma a necessidade de proceder à internalização dos custos e de utilizar instrumentos económicos para a obtenção de progressos significativos neste domínio. Também o Protocolo de Kyoto sobre a mudança climática suporta o uso de mecanismos de mercado e de adequados sistemas de preço. No Relatório da Comissão sobre a evolução da aplicação do Quinto Programa foi afirmada a validade geral das estratégias e dos objectivos aí definidos. Não há dúvida de que se registaram progressos na integração do ambiente e da lógica de sustentabilidade nas demais políticas comunitárias. Todavia, esta mudança ainda não ocorreu nas mentalidades. Ainda não ocorreu uma genuína mudança de atitudes por parte dos *stakeholders*. Mantém-se a necessidade de desenvolver o conceito de responsabilidade partilhada e de consciencializar a opinião pública para este aspecto[86]. A avaliação do estado do ambiente realizada em 1999 concluiu que, apesar de essa consciencialização ter aumentado, a mudança das tendências económicas e dos padrões de conduta lesivos do ambiente observou um progresso reduzido, continuando a representar um aspecto critico a efectiva aplicação do PPP e a total internalização dos custos ambientais[87]. Este documento reafirmou, ainda, a dimensão de custo meta-individual que a poluição apresenta, sublinhando a oneração de toda a sociedade que a mesma envolve, e a potencial existência de um duplo dividendo associado à defesa ecológica. A intervenção da Comissão no controlo dos auxílios de Estado a favor do ambiente deve, por isso, obedecer a um duplo imperativo. Por um lado, deve assegurar o funcionamento concorrencial dos mercados, promovendo a realização do mercado comum e aumentando a concorrência entre as empresas. Por outro, deve assegurar que as exigências de protecção ambiental sejam integradas na definição e implementação da política da concorrência, de modo a promover o desenvolvimento sustentável.

---

[84] Programa da Comissão Europeia de política e acção em matéria de ambiente e desenvolvimento sustentável, JOCE n. C 138, 17 de Maio de 1993, pp. 5-98.

[85] Relatório da Comissão sobre a evolução da aplicação do Programa da Comunidade Europeia de Política e Acção em matéria de Ambiente e Desenvolvimento Sustentável (COM(95) 624 final, de 10 de Janeiro de 1996, pp. 115-121).

[86] JOCE n. C 37, 3 de Fevereiro de 2001, pp. 3-15, ponto 11.

CADERNOS *CEDOUA*

Assim, a posição afirmada pela Comissão em 1994 foi reforçada no Enquadramento de 2001. Os auxílios de Estado já não devem ser usados para compensar a ausência de uma internalização dos custos. Uma vez que esta internalização é considerada um objectivo prioritário. Os custos ecológicos associados aos bens e serviços devem estar expressos no seu preço de modo a se promover a consciência ambiental e evitar a sobreexploração dos recursos naturais e da capacidade assimilativa do ambiente. A atribuição de auxílios a favor do ambiente, além de ter efeitos perversos sobre o comércio e a concorrência, prejudica a realização do referido objectivo. Uma vez que permite que determinadas empresas reduzam artificialmente os seus custos de produção e não revelem aos consumidores os encargos com a protecção ambiental. Pelo que, no longo prazo, algumas modalidades de subsídios contrariam a lógica do desenvolvimento sustentável. As ajudas que têm por objectivo apoiar o investimento necessário ao cumprimento de obrigações legais, isto é, de imposições técnicas em vigor ou que são introduzidas de novo pela Comunidade, não se consideram, por isso, justificadas[88]. Não devem ser concedidos benefícios às empresas para as incentivar a cumprir a lei. As especiais dificuldades enfrentadas pelas PMEs são, todavia, tidas em conta, admitindo-se que estas beneficiem de auxílios destinados a apoiar a sua adaptação a novas exigências ambientais comunitárias, durante o período de três anos posterior à imposição das mesmas. Os auxílios que sejam atribuídos no domínio da eficiência energética e da promoção das fontes de energia renovável mereceram também uma especial consideração. Estas ajudas são admitidas quando se mostrem necessárias para assegurar a adopção ou a continuação da aplicação de impostos ecológicos, desde que sejam respeitadas determinadas condições e a atribuição se faça durante um período limitado de tempo.

Quando o auxílio vise, simultaneamente, um esforço de adaptação às normas existentes e um esforço de adopção de medidas ambientais não impostas por lei, os custos elegíveis pertencentes a cada uma das categorias deverão ser individualizados, sendo aplicável a cada uma das partes os respectivos limites.

a) Auxílios atribuídos na ausência de imposição legal

No Enquadramento de 2001 (ponto 40), refere-se expressamente que as ajudas ao investimento destinado a cumprir níveis de exigência ambiental superiores aos estabelecidos pela Comunidade ou a cumprir níveis de exigência ambiental na ausência de qualquer estabelecimento de tais níveis pela Comunidade não são admitidas quando as despesas em causa apenas permitem o respeito de critérios de exigência que já foram adoptados mas que ainda não estão em vigor. Os agentes económicos podem receber auxílios para cumprir legislação nacional mais exigente do que a comunitária ou relativa a domínios onde a

---

[87] COM(1999) 543 final, 24 de Novembro de 1999.

[88] JOCE n. C 37, 3 de Fevereiro de 2001, pp. 3-15, ponto 20.

CADERNOS CEDOUA

Comunidade ainda não regulou. Mas quando está em causa esta espécie de investimento, os auxílios são apenas permitidos nos casos em que o cumprimento da legislação nacional se faz até ao fim do prazo estabelecido pela legislação nacional relevante, e já não nos casos em que o investimento é realizado posteriormente a essa data. Isto sem prejuízo das regras estabelecidas para o investimento realizado por PME (ponto 28).

Entre os auxílios concedidos sem que exista uma obrigação legal de o agente económico melhorar o seu comportamento ambiental, pode começar-se por mencionar os que se destinam à reparação de danos causados ao ambiente no passado, por exemplo, mediante o saneamento dos locais poluídos, e em relação aos quais as empresas não têm qualquer obrigação jurídica. Note-se que quando não seja possível imputar a responsabilidade pela reparação de danos ambientais a um sujeito concreto, os auxílios atribuídos em vista da sua eliminação ou atenuação não são abrangidos pela hipótese legal do nº 1 do artigo 87º do Tratado CE. Uma vez que não se traduzem num benefício para uma ou mais empresas individualizadas, como é requisito necessário à aplicação do mencionado artigo. Pelo que a sua admissibilidade dependerá da concordância que demonstrem em relação às restantes normas comunitárias. Já quando essa ajuda é conferida aos sujeitos que contribuíram para a acumulação da carga poluente, está-se perante um auxílio vedado pela legislação comunitária. Porquanto, a ajuda dirige-se a quem já beneficiou no passado da realização de emissões poluentes e traduz-se num alívio do encargo financeiro que o poluidor deveria suportar por força do PPP[89]. Assim, por exemplo, um sistema de crédito fiscal ao investimento destinado a manter a estabilidade de aterros de entulho pertencentes a determinada empresa ou conjunto de empresas não será compatível com o artigo 87º do Tratado CE[90].

Outro tipo de ajudas enquadráveis no subgrupo dos auxílios concedidos em caso de inexistência de obrigações legais são aquelas cuja concessão se integra em processos de negociação entre Estados-membros e sectores de actividade ou empresas individuais, tendo em vista a conclusão de acordos através dos quais os agentes económicos se comprometem a tomar medidas de luta contra a poluição sem estarem, ou antes de estarem, legalmente obrigados a fazê-lo.

Uma terceira espécie de apoios estatais que se pode referir a este propósito traduz-se naqueles que se destinem a auxiliar as empresas a atingir patamares de compatibilidade ambiental mais exigentes do que os impostos por lei. Estas ajudas, normalmente, só são admitidas caso a empresa consiga atingir níveis de emissões consideravelmente inferiores àqueles a que estava legalmente obrigada,

---

[89] Cf., neste sentido, a nível comunitário, artigo 11º da Directiva 75/442/CEE, 15 de Julho de 1975, JOCE n. L 194, 25 de Julho de 1975, pp. 39-41.

[90] Veja-se, por exemplo, a Informação n. 1999/C 108/04 da Comissão Europeia, JOCE n. C 108, de 17 de Abril de 1999, pp. 9-11, pp. 10-11.

quer pelas normas em vigor quer por novas normas[91]. Pode-se, *v.g.*, tributar os factores de produção aos quais está associado um impacto ambiental negativo, admitindo-se, simultaneamente, a dedução parcial do valor pago a esse título no caso de serem usados processos ou técnicas que diminuam o referido impacto[92]. Apesar de um tal sistema apresentar um custo acrescido de gestão, poderá fornecer um estímulo ao desenvolvimento e à disseminação no mercado de tecnologias mais limpas[93].

b) Auxílios atribuídos na presença de imposição legal

O segundo subgrupo de auxílios ao investimento integra os que são concedidos em presença de uma imposição legal. Trata-se, agora, de apoios temporários para acelerar o processo de aplicação de novas normas. Estas ajudas destinam-se a facilitar a adaptação das instalações das empresas existentes às novas imposições legais ou a incentivar o respeito das mesmas no menor período de tempo possível. Note-se que, também aqui, caso existam normas legais a nível nacional e a nível comunitário, fixando para a mesma matéria graus de exigência diferentes, a norma a tomar em consideração para efeito de cálculo dos limites máximos admissíveis será a norma mais rigorosa. Para a concretização do que sejam imposições legais já em vigor é relevante o conceito de melhor tecnologia de controlo disponível (MTCD), que a Comunidade introduziu em 1976[94]. O conceito em análise foi utilizado novamente, sob uma forma ligeiramente diferente, em 1984[95] e desenvolvido e confirmado com a directiva sobre a prevenção e controlo integrado da poluição, em 1996[96]. Este último diploma, que

---

[91] A apreciação do esforço realizado pela empresa na redução das suas emissões poluentes deve fazer-se em relação ao volume de produção e ao nível de actividade e não em termos de quantidade absoluta. Já que, em regra, para reduzir em, por exemplo, 20 por cento as emissões poluentes num volume de produção de 1.000 unidades são necessários mais recursos do que para reduzir em 10 por cento essas mesmas emissões em 1.100 unidades de produto, isto é, à medida que se eleva a exigência de respeito pelo ambiente, os custos de redução da poluição aumentam mais do que proporcionalmente em relação aos restantes custos variáveis em que se incorre para produzir (ACHILLE HANNEQUART, *L'intégration des coûts de la pollution dans le calcul économique*, Revue D'Économie Politique, Ano 93, 1973,
pp. 26-55, p. 31).

[92] Este sistema foi adoptado, *v.g.*, na Suécia – OCDE, *Taxation and the Environment. Complementary Policies*, Paris: OCDE, 1993, p. 55.

[93] A outra face da moeda será, no entanto, um menor estímulo ao desenvolvimento de sistemas de medição das emissões do que àquele que se verifica no caso de se adoptar um imposto que grave estas directamente.

[94] Directiva 76/464/CEE, 4 de Maio de 1976, JOCE n. L 129, 18 de Maio de 1978, pp. 23 e ss.

[95] Directiva 84/360/CEE, 28 de Junho de 1984, JOCE n. L 188, 16 de Julho de 1984, pp. 20 e ss.

[96] Directiva 96/61/CEE, 24 de Setembro de 1996, JOCE n. L 257, 10 de Outubro de 1996, pp. 26 e ss.

se dirige às instalações industriais com uma elevada capacidade poluente, aplica-se desde Novembro de 1999 às novas instalações e às instalações existentes que tenham sofrido mudanças substanciais, estando as demais obrigadas a cumprir com as suas disposições a partir de Outubro de 2007. Até esta data as imposições das directivas de 1976 e 1984 continuam em vigor e a ser vinculativas para as instalações em funcionamento. As regras ambientais concretas, isto é, os níveis limites de emissão ou de consumo baseados no uso da MTCD, são, todavia, fixadas pelas autoridades nacionais, e não pelas instituições comunitárias.

3.2. A finalidade do auxílio

3.2.1. *Auxílios ao Investimento*

A Comissão é da opinião de que os regimes gerais de auxílios ao investimento[97], independentemente da dimensão e da localização da empresa, são incompatíveis com o mercado comum, por serem anticompetitivos e prejudiciais à coesão. Contudo, no domínio ambiental, entendeu que os benefícios a obter com este tipo de apoios superariam as suas desvantagens. Os auxílios ao investimento visam promover uma prossecução mais rápida e mais profunda da protecção ambiental por parte das empresas do que aquela que a lei lhes impõe, sem que, por causa disso, estas venham a incorrer em custos económicos e sociais insuportáveis. A importância de que se reveste a autorização deste tipo de ajudas é ainda mais patente quando se constata que, para se obter ou restabelecer uma qualidade satisfatória do ambiente nas zonas de mais elevada concentração industrial, por vezes, é necessário atingir gradualmente um nível de protecção mais elevado e incentivar as empresas a envidar esforços para além das suas obrigações legais. Esta espécie de apoios mostra-se relevante na promoção e facilitação do aumento progressivo do nível de protecção ambiental e, consequentemente, da qualidade ambiental, estimulando a adopção da abordagem preventiva.

Nos casos em que o investimento é realizado em domínios em que a acção em matéria ambiental é prioritária, mas cujo benefício é maior para a comunidade em geral do que para o investidor individual, sendo, por isso, desenvolvida colectivamente, o Estado pode assumir uma parte dos custos de investimento[98/99].

---

[97] Por benefício ao investimento entende-se qualquer "medida que tem por fim aumentar o fluxo esperado de lucros líquidos de impostos derivados desse investimento, comparativamente com o seu custo no momento da decisão de investir" – GRUPO DE TRABALHO CONSTITUÍDO PELO DESPACHO N. 130/97-XIII DO MINISTRO DAS FINANÇAS, *Reavaliação dos benefícios fiscais*, Cadernos de Ciência e Técnica Fiscal, N. 180, Lisboa: CEF, 1998, p. 44, conceito que parece poder ser adoptado a nível do Direito Comunitário.

[98] Quando o investimento beneficia mais a colectividade do que o investidor privado, como acontece no caso da política de gestão de resíduos, as ajudas estatais desempenham um papel decisivo na sua realização. Cfr. SADELEER, *Le Droit Communautaire...*, 1995, p. 191.

[99] Já a Recomendação 75/436 (EUROATOM, CECA, CEE), JOCE n.º L 194, de 25 de

São exemplos deste tipo de investimento os projectos destinados à gestão e reciclagem de resíduos[100] e ao tratamento de águas[101].

a) Critérios de apreciação

Na apreciação da compatibilidade deste tipo de apoios a Comissão atende a diversos factores, como sejam: a duração fixada para a medida em causa, a previsão de uma redução gradual da componente de ajuda[102], o facto de os recursos usados terem sido recolhidos nos mesmos sectores de actividade em que vão ser aplicados ou em sectores diferentes (caso em que o sector que recebe a ajuda terá um benefício líquido), a necessidade da concessão do auxílio para o objectivo desejado poder ser alcançado[103] e a possibilidade de se considerar esta como uma contrapartida atribuída a determinado agente económico pelo exercício de uma actividade de interesse público que, de outra forma, não seria desenvolvida. O auxílio concedido deve, ainda, em qualquer caso, ser proporcional à melhoria que o projecto introduza no ambiente e ao investimento necessário para atingir essa melhoria.

São admitidos os investimentos que se destinem directa ou indirectamente (isto é, através da adaptação dos processos utilizados) a reduzir ou a eliminar a poluição ou outro tipo de dano ambiental. Sendo abrangidos tanto os investimentos realizados em bens imóveis (edifícios ou terrenos), como os que têm por

---

Julho de 1975, pp. 1-4, no seu artigo 5º, estatuía que os custos com as medidas necessárias à obtenção de um nível ambiental "de qualidade", incluindo os custos administrativos directamente conexos com a implementação de medidas "anti-poluição", deviam ser suportados pelo poluidor, enquanto que os custos de aquisição, construção e funcionamento das instalações de acompanhamento e supervisão podiam ficar a cargo das entidades públicas.

[100] Como exemplos de auxílios destinados a programas de recolha e de eliminação de determinado tipo de resíduos financiados com receitas provenientes de impostos ou de taxas sobre a venda dos produtos que lhes dão origem, veja-se projecto de auxílio estatal N 93/95, ex N 182/95, projecto de auxílio estatal N 539/95, e projecto de auxílio estatal N 684/93 – JOCE nº C 390 de 31 de Dezembro de 1994, p. 15.

[101] Os regimes de atribuição deste tipo de financiamentos não se devem limitar a analisar os aspectos ligados à construção das instalações, sendo necessário que se fixem critérios para a avaliação dos resultados posteriores à sua entrada em funcionamento, fomentando a racionalidade e a eficiência na sua utilização. Sob pena de se estar a realizar um investimento cujo retorno será negativo. Cfr. BAPTISTA LOBO, *Subvenções Ambientais – Análise Jurídico--financeira (cont.)*, Revista Jurídica do Urbanismo e do Ambiente, Ns. 5/6, Junho/Dezembro 1996, pp. 59 e ss., p. 83.

[102] Esta foi uma das razões que levou a Comissão a admitir, por exemplo, os sistemas fiscais implementados na Holanda e na Dinamarca tendo por objectivo a redução da produção de CO_2 e do consumo de energia. Cfr. Comunicação da Comissão à Imprensa IP/94/295.

[103] A Comissão tende a não aceitar que se concedam auxílios para encorajar investimentos que o próprio funcionamento do mercado só por si já faria surgir. Ver Comunicação da Comissão sobre Impostos e Taxas Ambientais no Mercado Comum, COM (97) 9 final, 26 de Março de 1997, pp. 11 e ss., p. 13.

CADERNOS *CEDOUA*

objecto bens móveis (bens de equipamento) ou um conjunto composto por ambos os tipos de bens que constitua uma unidade económica (capacidade instalada). Mas apenas aqueles que se mostrem estritamente necessários ao cumprimento dos objectivos ambientais, traduzidos quer na redução quer na eliminação do dano ambiental[104]. Os apoios financeiros estatais às despesas com a transferência de tecnologia, expressas na aquisição de licenças de funcionamento ou de know-how patenteado ou não, passaram a ser expressamente referidos no Enquadramento de 2001. Estes custos são elegíveis mas apenas dentro de condições muito precisas[105].

Para se prevenir o fenómeno do surgimento ou expansão de empresas poluidoras que iniciam ou alargam a sua actividade tendo em vista a obtenção de ajudas públicas, concedidas em contrapartida da sua adaptação aos padrões ambientais que se prevê que venham a ser adoptados dentro de curto prazo, o que se traduziria, além do mais, numa violação injustificável do PPP, o Enquadramento comunitário de 1994 apenas autorizava os auxílios estatais desta natureza que fossem concedidos a instalações em funcionamento há pelo menos dois anos relativamente à entrada em vigor das novas imposições legais[106]/[107]. Con-

[104] JOCE n. C 37, 3 de Fevereiro de 2001, pp. 3-15, ponto 36.

[105] JOCE n. C 37, 3 de Fevereiro de 2001, pp. 3-15, ponto 36.

[106] Não se admite que sejam criadas empresas que não respeitem à partida as normas mais exigentes em vigor. A concessão de um apoio para o cumprimento dos padrões de respeito ambiental vigentes no momento de criação da empresa constituirá uma violação clara do PPP que não será, à partida, justificada por qualquer razão económica ou social. Só se admite uma excepção a esta regra no referido caso de empresas em funcionamento há pelo menos dois anos optarem, para responder às exigências colocadas por novas disposições legais no domínio do ambiente, por substituir as velhas instalações por novas em vez de as adaptarem. Mas mesmo neste caso são impostas restrições ao montante do auxílio a conceder, de forma a garantir que a ideia orientadora não seja inutilmente deturpada. BAPTISTA LOBO, *Subvenções Ambientais...*, p. 56, considera que esta distinção coloca "dificuldades no âmbito do princípio da igualdade". Mas se se tiver presente que qualquer empresa tem, face à sociedade, a obrigação de realizar o seu investimento inicial nas melhores tecnologias disponíveis em termos ambientais, nas quais a regulamentação neste domínio se baseia, de forma quase exclusiva, para proceder à fixação de critérios de exigência progressivamente mais rigorosos, chega-se à conclusão de que aquelas dificuldades são perfeitamente ultrapassáveis. Além de que é normalmente do "(...) interesse do próprio produtor recorrer às técnicas e materiais mais modernos e com melhores comportamentos, a fim de reduzir os encargos de gestão", incluindo o consumo de recursos, como se pode ler na decisão da Comissão Europeia de 29 de Julho de 1986 relativa a um projecto de auxílio a conceder pelo Governo belga a favor dos investimentos realizados por um fabricante de vidro plano estabelecido em Auvelais (JOCE nº L 342 de 5 de Dezembro de 1986, pp. 32-35, p. 34).

[107] O GRUPO DE TRABALHO CONSTITUÍDO PELO DESPACHO N. 130/97-XIII DO MINISTRO DAS FINANÇAS, *Reavaliação dos benefícios fiscais*, Cadernos de Ciência e Técnica Fiscal, N. 180, Lisboa: CEF, 1998, p. 303, adoptou uma posição ainda mais restritiva neste aspecto, defendendo que só fossem concedidos incentivos "em relação aos investimentos consagrados à luta contra a poluição em explorações anteriores a 1987". A lógica subjacente a esta posição consistiu em "auxiliar pela via fiscal ao esforço financeiro de

tudo, os auxílios concedidos a investimentos em novas instalações poderiam, dentro de determinados limites, ser admissíveis. Tal aconteceria sempre que as empresas, em vez de se limitarem a adaptar as instalações com idade superior a dois anos, as substituíssem por outras que respeitassem as novas exigências legais. No entanto, nestas circunstâncias, seria apenas atendível, para efeitos de custos elegíveis, a parte dos custos totais de investimento que corresponderia aos encargos decorrentes da simples adaptação das antigas instalações, caso não se tivesse optado pela sua substituição. Desta forma, garantia-se que as ajudas admitidas eram as estritamente motivadas por razões ambientais, evitando-se a concessão de apoios à expansão ou renovação da capacidade instalada encapotados de auxílios a favor do ambiente[108].

Os agentes económicos que alterem as condições normais de salubridade e higiene do ambiente definidas por lei podem ser obrigados a transferir-se para local mais apropriado[109]. Estas situações resultam da alteração superveniente das condições subjacentes ao licenciamento da actividade, nomeadamente da superveniência de imposições legais. Pois, se estas já existissem aquando do início da

---

adaptação das explorações já existentes, imposta por nova legislação ambiental, a qual vem alterar os pressupostos que teriam conduzido ao investimento inicial". Esta mesma lógica está presente, *v.g.*, no regime canadiano de incentivos aos investimentos de natureza ambiental para as explorações anteriores a 1974 – *idem*, pp. 98-99.

[108] A Comissão deu início ao procedimento previsto no nº 2 do artigo 88º do Tratado CE relativamente a um auxílio estatal atribuído a uma empresa italiana de produção de papel, Cartiere del Garda, porque uma parte da ajuda se destinava a cobrir custos de mudança de local da capacidade instalada e outra parte visava apenas reduzir os custos operacionais do beneficiário. As autoridades provinciais de Trento (Itália) pretendiam atribuir à empresa em causa, que então tinha as suas instalações situadas em Riva, um apoio que visava cobrir, parcialmente, os custos de investimento provocados pela sua relocalização em Mori, com a justificação de que esta mudança do local de funcionamento traria benefícios ambientais para a região sob sua administração. A Comissão reconheceu que o projecto em questão continha motivações ambientais, mas afirmou que estas não eram as únicas que lhe estavam subjacentes. Considerou, ainda, que a admissibilidade do auxílio acarretaria a violação do PPP. Além de que não se dava como provada a necessidade da sua concessão para que a transferência do local de funcionamento ocorresse, mas apenas para que o novo espaço eleito fosse em Mori, onde existiam infra-estruturas que permitiam atenuar o impacto ambiental do funcionamento da unidade produtiva em causa. Por considerar que este efeito poderia ser obtido através de outros meios que não através do recurso a uma das excepções ao princípio previsto no artigo 87º, nº 1, do Tratado CE, a Comissão não autorizou o financiamento com recursos públicos da deslocação das instalações da Cartiere del Garda. Esta decisão demonstra a posição rigorosa adoptada pela Comissão na apreciação do requisito da necessidade – Decisão nº 93/964/CE da Comissão, de 22 de Julho de 1993 (JOCE nº L 273 de 5 de Novembro de 1993, pp. 51 e ss.). Ver, para maiores desenvolvimentos, JAN H. JANS, *State Aid and Articles 92 and 93 of the EC Treaty: Does Polluter Really Pay?*, European Environmental Law Review, vol. 4, nº 4, April 1995, pp. 108-113, p. 111, e HENRIK MORCH, *Competition Directorate of the European Commission*, EC Competition Policy Letter, vol. 1, nº 2, Summer 1994, pp. 50-53, p. 52.

[109] Tal acontece, *v.g.*, no ordenamento jurídico português ao abrigo do artigo 36º da LBA.

actividade, o licenciamento da mesma não teria ocorrido, com base na violação da lei. As ajudas que assumam a forma de apoio para mudança de localização das instalações dentro de uma mesma área deviam ser objecto de uma apreciação casuística por parte das instâncias comunitárias, a fim de se determinar se a sua natureza era ou não efectivamente ambiental. Uma vez que a Comissão considerava que nesta matéria não dispunha, ainda, de experiência suficiente para proceder à fixação de regras gerais.

Mas, no Enquadramento de 2001, a Comissão entende que por regra a relocalização das empresas não representa uma iniciativa de protecção ambiental, não sendo, por isso, as despesas que lhe estão associadas elegíveis para ajudas. Admite-se, no entanto, que a concessão de ajudas se justifica nos casos em que empresas situadas em áreas urbanas ou em áreas abrangidas pela Rede Natura 2000 são obrigadas a mudar de local em virtude da significativa fonte de poluição que representam tendo em conta o espaço onde se encontram, apesar de estarem inicialmente a funcionar de acordo com a lei. É, todavia, necessário que a relocalização tenha sido ordenada por uma decisão administrativa ou judicial com base em considerações de ordem ambiental e que a empresa respeite os critérios ambientais mais rigorosos em vigor na área para onde se desloca[110]. Nestas condições, é admissível uma ajuda nos termos gerais (ponto 29 do Enquadramento), incluindo a bonificação prevista para as PME (ponto 35 do Enquadramento). Para a determinação dos custos elegíveis nestas hipóteses, a Comissão terá em conta o rendimento obtido com a venda ou arrendamento do espaço (terreno ou instalações) abandonado, a compensação paga no caso de expropriação e os custos com a compra ou construção no novo espaço de uma capacidade instalada semelhante à possuída anteriormente. Serão, ainda, considerados quaisquer outros ganhos resultantes da mudança, nomeadamente os ganhos provenientes de uma melhoria verificada, por ocasião da transferência, na tecnologia utilizada e os ganhos associados a um melhor uso das instalações. Os investimentos ligados a um aumento da capacidade produtiva não podem ser atendidos no cálculo dos custos elegíveis para auxílios. Mas já serão atendíveis para este efeito quaisquer penalizações impostas à empresa em virtude de esta ter sido forçada, pela decisão administrativa ou judicial que impõe a relocalização, a denunciar antecipadamente vínculos contratuais que tinham por objecto o arrendamento de terrenos ou instalações.

Os investimentos realizados com a recuperação de zonas industriais poluídas, eliminando ou atenuando o dano causado à qualidade do solo ou das águas, podem ser elegíveis para ajudas. Não estão aqui em causa as despesas realizadas pelas autoridades públicas, uma vez que estas não são abrangidas pela proibição do artigo 87º do Tratado CE. Já será, no entanto, interdita por este artigo a venda das áreas recuperadas que essas autoridades façam a um preço inferior ao do mercado.

---

[110] JOCE n. C 37, 3 de Fevereiro de 2001, pp. 3-15, ponto 39.

CADERNOS *CEDOUA*

Os custos elegíveis para esta espécie de ajudas serão todas as despesas suportadas pelo agente económico com a recuperação independentemente de as mesmas serem ou não classificadas como custos fixos contabilisticamente[111]. Para se calcular o valor dos custos elegíveis deve-se deduzir ao custo da obra a valorização do espaço em causa que a mesma provoca. O limite das ajudas pode atingir o montante de 100 por cento dos custos elegíveis, acrescido de 15 por cento dos custos da obra. Em nenhuma circunstância deve o valor total da ajuda exceder a despesa efectivamente realizada pelo recipiente do auxílio. A Comissão colocou também restrições no que respeita ao beneficiário da ajuda. Assim, sempre que seja possível identificar a pessoa legalmente responsável[112] pela poluição a eliminar, os custos de recuperação ambiental devem ser-lhe imputados de acordo com o PPP. Quando essa pessoa não possa ser identificada ou não se consiga obrigá-la a suportar os custos, a entidade que proceda ao investimento poderá receber um auxílio de Estado.

Os custos elegíveis são apenas os custos suplementares necessários à prossecução de objectivos ambientais. Todos os demais encargos, não imputáveis à protecção do equilíbrio ecológico, serão excluídos. Quando o custo do investimento em protecção ambiental não pode ser facilmente identificado entre o montante global do investimento, a Comissão fará uso de métodos de cálculo objectivos e transparentes, como seja, *v.g.*, o custo de um investimento técnico comparável que não forneça, todavia, o mesmo nível de protecção ambiental[113].

No caso de investimentos realizados na criação de novas instalações ou na substituição de instalações já existentes, os custos provocados pela mera criação ou substituição de capacidade produtiva, desacompanhadas de qualquer melhoramento a nível de impacto ambiental, não são, pois, atendíveis para efeitos de custos elegíveis. Sempre que o mesmo investimento provoque, simultaneamente, uma expansão da capacidade de produção e uma melhoria da *performance* ambiental, os custos elegíveis devem limitar-se, estritamente, ao montante do investimento com implicações ambientais, mandando o Enquadramento[114] que os custos elegíveis sejam "proporcionais à capacidade inicial das instalações"[115/116]. A

---

[111] JOCE n. C 37, 3 de Fevereiro de 2001, pp. 3-15, nota de pé-de-página n. 35.

[112] Entende-se por "pessoa legalmente responsável" aquele sujeito que, de acordo com a legislação nacional em vigor no Estado-membro em causa, sem prejuízo do direito comunitário aplicável ao caso, está obrigado a indemnizar o dano – JOCE n. C 37, 3 de Fevereiro de 2001, pp. 3-15, ponto 38.

[113] JOCE n. C 37, 3 de Fevereiro de 2001, pp. 3-15, ponto 37.

[114] Cfr. ponto 3.2.1. do Enquadramento comunitário dos auxílios estatais a favor do ambiente (JOCE nº C 72 de 10 de Março de 1994, pp. 3-9, p. 6).

[115] Cfr. ponto 3.2.1. do Enquadramento comunitário dos auxílios estatais a favor do ambiente (JOCE nº C 72 de 10 de Março de 1994, pp. 3-9, p. 6).

[116] O regulamento exige a aplicação de um critério de proporcionalidade na determinação dos custos elegíveis para o auxílio. A aplicação desta regra traduz-se no seguinte: caso se consiga reduzir em y por cento a poluição produzida ou os recursos consumidos após a

Comunidade delimitou pois como custos elegíveis para a concessão de auxílios aqueles custos de investimento que comprovada, efectiva e directamente sejam realizados para o melhoramento do comportamento ambiental da empresa. Os auxílios que aparentemente se destinam a fins ambientais mas que, na realidade, visam investimentos gerais não são autorizados pelo referido enquadramento, por se traduzirem em puros conflitos com o objectivo da construção do mercado único, mais concretamente, com as políticas da concorrência e da coesão.

Em todos os casos, os custos elegíveis devem ser calculados líquidos dos benefícios obtidos com o aumento da capacidade instalada (como sejam, *v.g.*, economias de escala na produção), com a poupança de custos obtida nos primeiros cinco anos seguintes à realização do investimento ou com a produção acrescida de bens intermédios durante esse mesmo período. Quando o investimento visa apenas a protecção ambiental, sem que se obtenham quaisquer outros benefícios, não se mostra necessário proceder a quaisquer outras deduções no cálculo dos custos elegíveis.

Quando existam imposições legais a nível nacional e não a nível comunitário, os custos elegíveis são os custos de investimento adicional que a empresa suporta para atingir o nível de protecção ambiental imposto pelo Estado-membro. Já quando a empresa realize um investimento para se adaptar ao nível de exigência superior que o Estado-membro impõe relativamente à Comunidade ou para melhorar voluntariamente o seu comportamento ambiental em relação ao que estava obrigada segundo a legislação comunitária, os custos elegíveis são os custos adicionais de investimento necessários para atingir esse nível de compatibi-

---

expansão da capacidade produtiva, por comparação com a poluição gerada ou com os recursos utilizados inicialmente, também serão *y* por cento das despesas de investimentos os custos elegíveis para a ajuda. A evolução dos valores deve, pois, ser medida em termos de poluição gerada/recursos consumidos por unidade de produto final. Já que uma medição unitária prejudica as empresas que, ainda que aumentem esses valores em termos absolutos devido à expansão da capacidade produtiva, os reduzem em termos relativos. E esta redução da degradação do ambiente provocada por cada unidade de produção é que deve ser o objectivo de uma política ambiental que não se quer em relação de antagonismo, mas em relação de cooperação, com o desenvolvimento económico.

Uma outra razão para se defender a utilização do referido critério na medição da evolução da compatibilidade ambiental reside no facto de o custo em que se incorre no cumprimento de padrões de comportamento sustentável tender a aumentar mais com o grau de exigência destes do que com o universo da produção a que os mesmos se aplicam. Por exemplo, uma empresa com um volume de produção de X pode gastar W para reduzir em 20 por cento as suas emissões poluentes ou o seu consumo de recursos, enquanto a mesma empresa quando produz $X + 10$ pode gastar os mesmos W para proceder àquela redução em apenas 10 por cento. Se não for feita uma medição em termos relativos, além de se estar a adoptar um comportamento economicamente irracional, ao não se promover a eficiência na afectação dos recursos, está-se a favorecer na concessão dos auxílios as empresas que, embora fazendo um investimento maior em termos absolutos para respeitarem o ambiente, fazem um esforço proporcionalmente menor nesse sentido. O que tem como resultado a concessão indirecta de apoios ao aumento da capacidade produtiva e é inadmissível perante as regras comunitárias de defesa da concorrência.

CADERNOS *CEDOUA*

lidade ecológica superior[117]. Os custos de investimento necessários para atingir o nível de qualidade ambiental exigido por legislação comunitária não são elegíveis. Na ausência de uma imposição legal, os custos elegíveis são os custos de investimento necessários para atingir um nível de compatibilidade ecológica mais elevado do que aquele que a empresa em causa atingiria na ausência de qualquer auxílio estatal a favor do ambiente.

Um mesmo projecto de investimento pode ter uma componente de adaptação às normas e uma componente de melhoria em relação a estas. Quando tal ocorra, os custos elegíveis pertencentes a cada uma das categorias devem ser separados, sendo aplicáveis separadamente a cada uma das partes os limites relevantes. Em 2001 foi mantido o limite máximo de 30 pontos percentuais brutos dos custos elegíveis fixado no Enquadramento de 1994 para os auxílios atribuídos a projectos que visem atingir níveis de respeito pelo ambiente superiores aos impostos por lei[118]. Estão aqui abrangidos os investimentos realizados na ausência de uma norma comunitária vinculativa e os dirigidos ao cumprimento de normas nacionais mais exigentes do que as comunitárias[119]. Para os auxílios concedidos pelo Estado a favor de investimentos que tenham como objectivo a adaptação necessária ao cumprimento de novas obrigações legais foi fixado um limite máximo de 15 por cento dos custos elegíveis[120]. Esta percentagem é, tal como no caso de inexistência de imposições legais, uma taxa bruta[121] calculada em referência aos custos ilegíveis, isto é, o valor nominal, excluindo impostos, das subvenções ou o valor actualizado, excluindo impostos, das bonificações de juro enquanto proporção dos custos de investimento.

No caso concreto dos auxílios ao investimento para conservação de energia, determina-se que estes serão tratados como ajudas em favor do ambiente desde

---

[117] JOCE n. C 37, 3 de Fevereiro de 2001, pp. 3-15, ponto 37.

[118] Em concordância com o Quinto Programa foi estabelecido para estas ajudas um limite superior à regra, fixada em 15 por cento brutos do valor total do investimento. As empresas que realizam um esforço suplementar de melhoria do ambiente são, assim, mais recompensadas, em termos líquidos, do que aquelas que se limitam a cumprir as normas. SADELEER, *Le Droit Communautaire...*, 1995, p. 199.

[119] JOCE n. C 37, 3 de Fevereiro de 2001, pp. 3-15, ponto 29.

[120] BAPTISTA LOBO, *Subvenções ambientais...*, 1996, p. 56, considera que estas regras não prejudicam as previstas, ou a prever, em legislação comunitária especial, referindo, a título de exemplo, os auxílios aos investimentos para melhoria da eficácia das estruturas agrícolas, que podem ir até ao limite de 35 por cento (ns. 1 e 5 do artigo 12º do Regulamento (CEE) nº 2328//91 do Conselho de 15 de Julho de 1991).

[121] Nota-se uma preocupação por parte da Comissão em aproximar, tanto quanto possível, o actual regime comunitário dos auxílios estatais ao PPP. Assim, apesar de se ter mantido o limite de 15 por cento, à semelhança do regime anterior, determinou-se que o seu cálculo será realizado em termos de valores brutos, e já não em termos de valores líquidos, como então se verificava. Cfr. GYSELEN, *The Emerging Interface...*, 1993, p. 4.

que se cumpram alguns requisitos. Estas ajudas[122] são especialmente relevantes para uma prossecução economicamente aceitável dos objectivos comunitários no domínio do ambiente[123]. Pelo que estes investimentos podem ser subsidiados em 40 por cento dos custos elegíveis[124]. É, todavia, necessário que se prove a sua necessidade para a realização do investimento em causa, tendo em atenção a poupança de custos que o investidor consiga realizar através da implementação do projecto[125 /126], e que se demonstre que o mesmo visa produzir e que efectivamente produz benefícios significativos para o equilíbrio ecológico.

Os apoios ao investimento em energias renováveis, cujo desenvolvimento constitui uma das prioridades fundamentais da política energética e da política ambiental da Comunidade[127], estão sujeitos ao Enquadramento em questão. No

---

[122] A substituição das fontes de energia tradicionais, mais poluentes, por fontes de energia renováveis, menos poluentes, é um dos objectivos principais da política ambiental comunitária. Para promover esta substituição, os Estados-membros podem recorrer a dois tipos de instrumentos. Podem optar pela tributação da utilização das fontes de energia tradicionais ou pela concessão de auxílios à utilização de fontes de energia renováveis. A primeira hipótese acarreta, normalmente, a penalização da indústria nacional, que passará a suportar custos de produção superiores aos suportados pela indústria de Estados-membros que não procedam à introdução de um encargo financeiro semelhante, com a consequente perda de capacidade competitiva, tanto a nível comunitário como a nível internacional. Verificam-se, pois, razões de ordem política e económica que conduzem à não adopção, a nível nacional, deste tipo de medidas. Os Estados-membros preferem, assim, recorrer a mecanismos de incentivo para tornar a utilização das energias limpas mais atractiva.

[123] COM(2000) 247 final, 26 de Abril de 2000.

[124] JOCE n. C 37, 3 de Fevereiro de 2001, pp. 3-15, ponto 30.

[125] É compreensível que se considere no cálculo da ajuda a poupança de custos que o investimento em causa vai permitir à empresa realizar. Uma vez que quando a adopção de medidas de controlo da poluição não gera qualquer rendimento para o agente económico, este não vai ter qualquer incentivo a realizá-las, embora esse investimento gere um ganho social. Ao passo que quando o projecto em questão envolve, além de um benefício ambiental, uma redução dos custos operacionais, o estímulo à sua realização é fornecido pelos seus próprios resultados, sendo dispensado qualquer incentivo exterior com vista à sua promoção.

[126] A Comissão tem assumido uma posição bastante rigorosa na apreciação do requisito da necessidade. Veja-se, a título de exemplo, a decisão da Comissão Europeia de 29 de Julho de 1986 relativa a um projecto de auxílio a conceder pelo Governo belga a favor dos investimentos realizados por um fabricante de vidro plano estabelecido em Auvelais, onde se pode ler: "(…) a Comissão é favorável a todos os esforços que levem a novas reduções do consumo de energia na Comunidade. No entanto, é de parecer que as próprias indústrias são as primeiras interessadas na redução das suas despesas energéticas e, por conseguinte, dos seus custos de produção. Os investimentos destinados a este fim aquando de uma renovação periódica de um aparelho de produção realizam-se, portanto, normalmente sem que sejam necessários incentivos sob a forma de auxílios" (JOCE nº L 342 de 5 de Dezembro de 1986, pp. 32-35, p. 34). Este raciocínio da Comissão é especialmente válido para os investimentos em poupança energética realizados por indústrias em que a parte representada pelos custos de energia no valor bruto da produção é elevada.

[127] Cfr. Proposta da Comissão relativa a acções específicas para uma maior penetração das fontes de energia renováveis (programa Altener), COM(92) 180 final, de 29 de Junho de 1992; Decisão nº 93/500/CEE do Conselho, de 13 de Setembro de 1993, relativa à promoção

âmbito do regime criado em 1994, estes auxílios podiam ser autorizados em montante superior aos níveis máximos previstos em geral para este tipo de ajudas quando tal se mostrasse apropriado[128]. No Enquadramento de 2001, refere-se expressamente que estes investimentos podem beneficiar de ajudas no valor de 40 por cento dos custos elegíveis ou, mesmo, quando tal se mostre necessário, de subsídios até ao montante de 100 por cento dos referidos custos, sendo, todavia, este último valor o limite máximo admitido[129]. As instalações para uso de energias renováveis que sirvam as necessidades de toda uma comunidade, como seja, *v.g.*, uma ilha ou uma área residencial, podem beneficiar de uma bonificação de 10 por cento para além da taxa base de 40 por cento. Os auxílios ao investimento em energias renováveis são equiparados a auxílios concedidos na ausência de uma imposição legal comunitária[130]. Neste tipo de auxílios os custos elegíveis são normalmente os custos extras em que a empresa incorre relativamente a uma outra que use fontes de energia convencionais e apresente a mesma capacidade em termos de produção efectiva de energia[131].

Os investimentos em projectos de produção combinada de energia e calor, que representam uma prioridade da política ambiental comunitária[132], podem também ser elegíveis para estes auxílios caso se prove o seu benefício ambiental. Terá que se provar para este efeito o ganho ecológico com base na especial eficiência da conversão[133] ou na redução do consumo energético ou da danosidade ambiental do processo produtivo. A Comissão terá, a este propósito, em especial consideração o tipo de energia primária utilizada no processo produtivo. Os auxílios concedidos nestes casos devem também adoptar como valor de referência 40 por cento dos custos elegíveis.

Em determinadas circunstâncias os limites gerais podem ser elevados. Tal acontece no caso de investimentos realizados por PME[134] e/ou em zonas assistidas.

---

das energias renováveis na Comunidade (programa Altener) (JOCE nº L 235 de 18 de Setembro de 1993, pp. 41 e ss.) e Resolução do Conselho de 8 de Junho de 1998 sobre fontes de energias renováveis, JOCE n. C 198, 24 de Junho de 1998, pp. 1 e ss.

[128] Cfr. Enquadramento dos auxílios a favor do ambiente (JOCE nº C 72 de 10 de Março de 1994, pp. 3-9, p. 5.

[129] JOCE n. C 37, 3 de Fevereiro de 2001, pp. 3-15, ponto 32.

[130] JOCE n. C 37, 3 de Fevereiro de 2001, pp. 3-15, ponto 32

[131] JOCE n. C 37, 3 de Fevereiro de 2001, pp. 3-15, ponto 37.

[132] Resolução do Conselho de 18 de Dezembro de 1997 sobre uma estratégia comunitária para promover a produção combinada de energia e calor, JOCE n. C 4, 8 de Janeiro de 1998, pp. 1 e ss.

[133] Por 'conversão' entende-se o rácio entre a quantidade de energia primária utilizada para produzir a forma secundária de energia e a quantidade desta última efectivamente produzida. Este rácio é calculado através da soma da energia eléctrica produzida à energia térmica produzida, sendo o valor obtido dividido em seguida pelo valor da energia usada – JOCE n. C 37, 3 de Fevereiro de 2001, pp. 3-15, p. 14.

[134] Nos termos do ponto 2.2. do Enquadramento comunitário dos auxílios estatais às pequenas e médias empresas (PME), 92/C 213/02, (JOCE nº C 213 de 19 de Agosto de 1992,

CADERNOS *CEDOUA*

O Direito Fiscal do Ambiente 41

No caso de projectos realizados por PME, o Enquadramento de 1994 permitia que o limite geral estabelecido fosse majorado em 10 pontos percentuais brutos[135/136]. No âmbito do Enquadramento em vigor, o Estado pode ajudar

---

pp. 2-9, p. 4), entende-se por PME uma empresa "que não emprega mais de 250 trabalhadores, que tem um volume de negócios anual que não exceda 20 milhões de ecus ou um balanço total que não exceda 10 milhões de ecus e em que um máximo de 25 por cento do capital seja propriedade de uma ou várias empresas que não se integram nesta definição, excepto empresas públicas de investimento, empresas de capital de risco ou, desde que não seja exercido um controlo, investidores institucionais" (JOCE nº C 213 de 19 de Agosto de 1992, p. 2). Cf., ainda, Recomendação da Comissão n. 96/280/CE relativamente à definição de pequena e média empresa, 3 de Abril de 1996, JOCE n. L 107, 30 de Abril de 1996, pp. 4 e ss.

[135] O tratamento mais favorável dos auxílios estatais concedidos a unidades produtivas desta dimensão justifica-se pelo importante papel que este sector desempenha na economia. Tais empresas revestem-se de uma importância decisiva na criação de postos de trabalho, na regeneração da economia no seu conjunto e no desenvolvimento regional, ao mesmo tempo que são as mais expostas à concorrência e as mais afectadas pelos encargos impostos pelos governos. No domínio ambiental, estas empresas podem actuar como um estímulo da mudança estrutural e liderar o processo de inovação. Uma vez que são mais flexíveis e adaptáveis do que as grandes empresas. Estas empresas podem, assim, prestar um importante contributo a favor do desenvolvimento sustentável. Um outro factor considerado foi o facto de os auxílios concedidos a pequenas empresas terem um impacto limitado no comércio intracomunitário, e muito embora haja a possibilidade de as ajudas a empresas de dimensão média poderem já ter um efeito de distorção do comércio significativo, esse efeito será sempre inferior, pela percentagem do volume das trocas comerciais realizadas por PME no conjunto total das transacções intracomunitárias, ao que poderá resultar do apoio concedido a grandes empresas. Pode ler-se no ponto 3.3. do Enquadramento comunitário das ajudas concedidas a estas empresas: "(...) desde que não sejam ultrapassadas determinadas intensidades de auxílios consideradas aceitáveis, o efeito dos auxílios às PME sobre as condições das trocas comerciais não assumirá, de uma maneira geral, proporções susceptíveis de contrariarem o interesse da Comunidade, especialmente se tomarmos em consideração os efeitos externos positivos da actividade das PME".

[136] A Comissão não diferenciou, para efeitos do regime dos auxílios estatais a favor do ambiente, entre pequenas e médias empresas, aplicando o limite suplementar de 10 pontos percentuais brutos aos auxílios ao investimento realizado por ambas, independentemente da dimensão da empresa que beneficia da ajuda. Ao contrário do que fez no regime comunitário geral das intervenções do Estado nas empresas desta dimensão (Enquadramento nº 92/C 213/02, JOCE nº C 213 de 19 de Agosto de 1992, pp. 2-9, p. 6). Neste último, a Comissão fixou, para os apoios ao investimento fora das zonas nacionais assistidas, o limite de 15 por cento brutos para as pequenas empresas e de 7,5 por cento para as médias empresas. Para estes efeitos, entende-se por pequena empresa, nos termos do ponto 2.2. do Enquadramento em causa, a "que não emprega mais de 50 trabalhadores, tem um volume de negócios anual que não exceda 5 milhões de ecus e um balanço total que não exceda 2 milhões de ecus e em que um máximo de 25 por cento do capital seja propriedade de uma ou várias empresas que não se integram nesta definição, excepto empresas de capital de risco ou, desde que não seja exercido um controlo, investidores institucionais". Razões de simplificação podem ter estado na origem da opção da Comissão relativamente às ajudas a favor do ambiente, as quais, pelo facto de serem apenas uma subespécie da categoria geral "auxílios ao investimentos realizados por PME", não suscitarão as mesmas preocupações com a possibilidade de distorção das trocas intracomunitárias que suscitam os auxílios ao investimento em geral.

CADERNOS CEDOUA

financeiramente as PME a realizar investimentos que lhes permitam adaptarem-se a novas exigências legais da Comunidade. Todavia, esta espécie de auxílios só pode ser concedida durante os três anos seguintes à introdução dos novos padrões ambientais vinculativos e de uma forma transitória. O limite máximo da ajuda foi fixado em 15 pontos percentuais brutos dos custos elegíveis[137]. Estes custos incluem o investimento adicional necessário para atingir o nível de protecção ambiental imposto pela Comunidade.

Quando os projectos destinados a obter níveis de qualidade ambiental mais exigentes do que os impostos pela Comunidade sejam implementados em regiões que beneficiem dos regimes nacionais de desenvolvimento regional independentes dos fundos estruturais, denominadas zonas assistidas, devem ser admitidos auxílios num regime mais favorável do que o geral. Mas estes bónus não estão disponíveis em domínios em que os Estados-membros podem já subsidiar o investimento até 100 por cento dos custos elegíveis, como acontece no caso do apoio a instalações para uso de energias renováveis que beneficiem toda uma comunidade[138]. No âmbito do Enquadramento de 1994, estes auxílios eram admissíveis até aos limites em vigor para os auxílios regionais autorizados pela Comissão para a região em causa[139]. Quando os apoios disponíveis para investimentos no domínio ambiental numa zona não assistida, de acordo com o enquadramento comunitário para este tipo de auxílios, fossem superiores ao nível em vigor para as ajudas regionais em áreas assistidas dentro do mesmo país, abrangidas pelo nº 3, alínea c), do artigo 87º do Tratado CE, então, o limite das ajudas na zona assistida podia ser majorado até ao nível aplicável na zona não assistida[140]. Por sua vez, os limites das intervenções do Estado a favor do ambiente nas

---

[137] JOCE n. C 37, 3 de Fevereiro de 2001, pp. 3-15, ponto 28.

[138] JOCE n. C 37, 3 de Fevereiro de 2001, pp. 3-15, p. 14.

[139] Devido ao valor do seu PIB por habitante, 75 por cento inferior à média comunitária, Portugal é uma região abrangida pelo objectivo nº 1, pelo que é fixado um limite máximo de 75 por cento e, em regra, um limite mínimo de 50 por cento do custo total das despesas públicas em causa para a intervenção comunitária. Podendo, ainda, pelo facto de se tratar de um país abrangido pelo Fundo de Coesão, em casos excepcionais devidamente justificados, elevar-se o limite máximo dessa participação para os 80 por cento do custo total, ou mesmo para os 85 por cento no caso das regiões ultraperiféricas, como são os Açores e a Madeira (artigo 13º do Regulamento CEE nº 2081/93 do Conselho, de 20 de Julho de 1993).

[140] A concessão generalizada de auxílios ao investimento constitui um obstáculo a uma maior coesão económica e social na Comunidade. Uma vez que a existência de apoios ao investimento em zonas não assistidas nas regiões mais favorecidas da Comunidade reduz os atractivos dos incentivos oferecidos nas zonas assistidas, nomeadamente nas regiões menos desenvolvidas. Esta situação iria provocar o aumento das disparidades entre as regiões mais pobres e as regiões mais ricas da Comunidade, inutilizando muitas das acções desenvolvidas em sede de política regional. A Comissão deve, no entanto, na formulação e concretização das políticas e acções da Comunidade, ter em conta, nos termos do artigo 159º do Tratado CE (artigo 130º B na versão anterior), os objectivos de coesão económica e social enunciados no artigo 158º do mesmo tratado (anterior artigo 130º A) e contribuir para a sua realização.

CADERNOS CEDOUA

regiões que beneficiassem dos regimes nacionais de desenvolvimento regional independentes dos fundos estruturais, no âmbito dos objectivos ns. 2 e 5b), mas que não fossem classificadas como zonas assistidas a nível nacional, seriam decididos caso a caso[141]/[142]. Em 2001 foi introduzida uma maior certeza neste regime, clarificando-se qual a bonificação a atribuir a cada caso. Nas regiões assistidas a taxa máxima de bonificação aplicável passou, assim, a ser o valor mais elevado entre os que resultam da aplicação de cada uma das opções descritas em seguida: ou (1) a taxa base dos auxílios ao investimento[143] acrescida de 5 pontos percentuais brutos nas regiões abrangidas pelo artigo 87º, n. 3, alínea c) do Tratado CE e de 10 pontos percentuais nas regiões abrangidas pela alínea a) da mesma norma[144], ou (2) a percentagem de ajuda regional majorada em 10 pontos percentuais brutos.

Limites esses que podiam ainda, quando se tratasse de investimentos realizados por PME nas regiões abrangidas pela alínea c) do nº 3 do artigo 87º do Tratado CE, ser majorados nos 10 pontos percentuais brutos aplicáveis a estes ou que podiam ser majorados em 15 pontos percentuais brutos quando estivessem em causa investimentos realizados por PME em regiões abrangidas pela

---

Para evitar que a diferença entre os níveis de auxílio oferecido nas zonas não assistidas dos Estados-membros mais prósperos e centrais e nas zonas assistidas dos Estados-membros centrais e dos Estados-membros periféricos menos prósperos deixasse de constituir um incentivo ao investimento nas zonas desfavorecidas (as quais muitas vezes não chegam sequer a beneficiar do nível máximo de auxílio teoricamente autorizado, por os Estados-membros onde se inserem não terem capacidade para dispor dos recursos necessários), introduziu-se a possibilidade de majoração do limite das ajudas a conceder nas zonas assistidas até ao limite aplicável nas zonas não assistidas.

[141] Os limites mais favoráveis fixados para os auxílios atribuídos a projectos a realizar em zonas assistidas, de acordo com alíneas a) e c) do nº 3 do artigo 87º do Tratado CE, são aplicáveis aos investimentos em causa quer estes se destinem a permitir a adaptação da empresa a novas normas quer os mesmos visem permitir o cumprimento de padrões ambientais mais exigentes que os impostos por lei. A Comissão não demonstra, assim, relativamente às ajudas a projectos a realizar nestas áreas uma preferência pelas soluções preventivas. Mas tal não impede que os Estados-membros o façam, prestando um apoio maior aos projectos que sejam expressão de uma abordagem preventiva. Consultar, neste sentido, GYSELEN, *The Emerging Interface...*, 1993, p. 5.

[142] Ao ser previsto um limite superior para os auxílios estatais a favor do ambiente nas zonas assistidas (alíneas a) e c) do nº 3 do artigo 87º do Tratado CE), regime mais favorável que anteriormente não existia, o princípio da coesão ganhou nesta matéria uma nova importância. Cfr. GYSELEN, *The Emerging Interface...*, 1993, p. 5.

[143] Esta percentagem base será de 30 pontos percentuais brutos no regime geral, 40 pontos percentuais brutos no caso do investimento em poupança energética, em energias renováveis ou na produção combinada de calor e energia, e de 50 pontos percentuais brutos no caso dos investimentos em fontes de energia renováveis que beneficiem toda uma comunidade – JOCE n. C 37, 3 de Fevereiro de 2001, pp. 3-15, ponto 34.

[144] O investimento nas zonas assistidas é ilegível para apoios estatais se os requisitos impostos pelo Enquadramento dos auxílios de Estado regionais (JOCE n. C 74, 10 de Março de 1998, p. 9 e ss.) se verificarem – JOCE n. C 37, 3 de Fevereiro de 2001, pp. 3-15, p. 14.

CADERNOS *CEDOUA*

alínea a) do nº 3 do mesmo artigo[145]. Com o Enquadramento de 2001, a distinção entre os dois tipos de área desapareceu, podendo os auxílios aos investimentos levados a cabo por PME em qualquer uma delas ser bonificados em 10 pontos percentuais brutos. Também neste caso a bonificação prevista não pode acrescer à que se permite no caso de apoios a instalações para uso de energias renováveis que beneficiem toda uma comunidade[146]. Os bónus para as zonas assistidas e para as PME podem ser combinados, mas a taxa máxima de auxílio nunca pode exceder 100 pontos percentuais brutos dos custos elegíveis. As PME podem aproveitar de auxílios ao investimento[147], mas não podem beneficiar de uma dupla bonificação nem no âmbito do regime aplicável às ajudas regionais nem ao abrigo das normas que regulam os auxílios a favor do ambiente.

No caso das PME, a Comissão reconheceu, ainda, a importância dos serviços de aconselhamento e consultadoria para a melhoria do seu desempenho ambiental. Pelo que se faz uma referência expressa a este tipo de auxílios, admitindo-os nos termos do Regulamento n. 70/2001[148].

3.2.2. *Auxílios ao funcionamento*

Enquadram-se na categoria dos auxílios estatais ao funcionamento aqueles que visam promover alterações de comportamento nos agentes económicos a curto prazo, actuando como medidas desincentivadoras de escolhas económicas ambientalmente indesejáveis ou como medidas incentivadoras de escolhas económicas ambientalmente desejáveis. Estas ajudas são a expressão mais directa do esforço de internalização das externalidades.

---

[145] Os apoios ao investimento a realizar por PME em zonas nacionais assistidas, quer provenham exclusivamente de fontes nacionais quer sejam co-financiados pela Comunidade através dos fundos estruturais, podem ser autorizados em montante superior à taxa fixada para os auxílios regionais vigentes. Assim sendo, estas ajudas podem beneficiar de 10 pontos percentuais suplementares brutos nas regiões abrangidas pela alínea c) do n. 3 do artigo 87º do Tratado CE e de 15 pontos percentuais suplementares brutos nas regiões abrangidas pela alínea a) da mesma disposição legal. Contudo, no intuito de autorizar os maiores níveis de auxílio nas zonas mais carentes e de manter a diferenciação entre as zonas assistidas e não assistidas, estabeleceu-se que a cumulação do auxílio regional e do auxílio às PME nas áreas abrangidas pela referida alínea a) ("regiões em que o nível de vida seja anormalmente baixo ou em que exista grave situação de subemprego") estaria sujeita a um limite máximo de 75 por cento líquidos, enquanto que para as regiões abrangidas pela mencionada alínea c) estaria sujeita ao limite, mais baixo, de 30 por cento líquidos. Cfr. ponto 4.1. do Enquadramento comunitário dos auxílios estatais às PME, 92/C 213/02, (JOCE nº C 213 de 19 de Agosto de 1992, pp. 2-9, pp. 6-7).

[146] JOCE n. C 37, 3 de Fevereiro de 2001, pp. 3-15, p. 14.

[147] Regulamento da Comissão n. 70/2001 de 12 de Janeiro de 2001 sobre a aplicação dos artigos 87º e 88º do Tratado CE aos auxílios de Estado às PME (JOCE n. L 10, 13 de Janeiro de 2001, p. 33).

[148] JOCE n. C 37, 3 de Fevereiro de 2001, pp. 3-15, ponto 41.

CADERNOS *CEDOUA*

Hoje, apesar dos consideráveis progressos técnicos que se conseguiram atingir em matéria ambiental, subsistem ainda diversas actividades económicas cujo desenvolvimento acarreta custos ambientais, custos esses que nem sempre são considerados nos custos de produção. Nota-se um esforço crescente por parte dos Estados-membros no sentido de obrigar os agentes económicos a proceder a esta internalização, quer através da imposição de taxas a nível de serviços ambientais quer através da criação de impostos que gravam a actividade poluente. Verifica-se também que as vantagens para o equilíbrio ecológico associadas aos produtos e aos processos limpos não são consideradas no cálculo do preço dos bens ou serviços em que aqueles são utilizados. Pelo que existe uma tendência dos Estados-membros para a concessão de subvenções que permitam internalizar estes benefícios externos nos custos de produção.

Já enquanto instrumento de incentivo à redução das externalidades negativas, os subsídios desempenham um papel especialmente importante aquando da introdução de novos impostos ou de novas taxas por motivos ambientais. Uma vez que esta introdução pode criar a necessidade de concessão de apoios públicos nos casos em que as empresas não têm capacidade económica para suportar de imediato a carga financeira suplementar que aqueles envolvem. Nestas circunstâncias, as autoridades tendem a conceder isenções transitórias às empresas obrigadas ao pagamento de um novo imposto ambiental[149] ou de uma nova taxa ecológica, durante um período de adaptação. Estes desagravamentos temporários constituem auxílios ao funcionamento, os quais podem assumir uma de duas formas. Podem traduzir-se num desagravamento temporário relativamente aos impostos em causa. Este desagravamento, que tanto pode ser parcial como total, é, normalmente, utilizado quando o imposto em causa, por não ter sido introduzido por todos os Estados dentro de um mesmo espaço económico, provoca o agravamento das condições concorrenciais para as empresas localizadas no Estado introdutor relativamente às suas concorrentes localizadas em países em que não foram adoptadas medidas análogas. Uma outra forma que pode ser assumida por esta espécie de auxílios é a que se traduz na concessão de subvenções que cobrem, total ou parcialmente, os custos de funcionamento de instalações que prestem serviços ambientais aos agentes económicos localizados em determinada área. Estas instalações, que podem, por exemplo, assumir a forma de unidades de eliminação ou de reciclagem de resíduos ou de tratamento de águas e ser geridas por organismos semipúblicos[150], devem, em cumprimento do

---

[149] A Comissão define como 'imposto ambiental' aquele cuja base tributável apresenta um claro efeito negativo sobre o ambiente. Esta instituição comunitária admitiu, no entanto, considerar como ambiental um gravame cujos efeitos positivos sobre o equilíbrio ecológico sejam menos óbvios mas ainda perceptíveis. Colocando, todavia, nestes casos, o ónus da prova desse efeito a cargo do Estado-membro interessado em ver declarada a compatibilidade da ajuda – COM (97) 9 final, 26 de Março de 1997.

[150] O GRUPO DE TRABALHO CONSTITUÍDO PELO DESPACHO N. 130/97-XIII DO MINISTRO DAS FINANÇAS, *Reavaliação dos benefícios fiscais*, 1998, p. 303, *v.g.*, propôs que, no caso de ETAR de iniciativa e propriedade privada, e em especial se estas não

CADERNOS *CEDOUA*

PPP, cobrar aos seus utilizadores uma taxa pela prestação dos serviços que realizem[151]. Contudo, pode mostrar-se necessário, por motivos económicos ou sociais, adiar a introdução da plena cobrança ou conceder ajudas cruzadas a determinados utilizadores em detrimento de outros. Esta necessidade será mais patente durante o período de transição entre a utilização das técnicas tradicionais e a adopção de novos processos[152].

---

constituírem uma solução individual mas colectiva no tratamento das águas residuais, se preveja, em sede de Contribuição Autárquica, uma isenção relativamente aos prédios onde as mesmas estejam instaladas.

[151] Nestes casos, pela grande dimensão do investimento necessário, há como que uma espécie de adiantamento de recursos pelas entidades públicas, pagando depois "a prestações" os utilizadores dessas instalações o investimento realizado.

[152] O caso do financiamento estatal de instalações de armazenamento de resíduos bio-degradáveis de origem animal na Holanda é um exemplo referido a este propósito (GYSELEN, *The Emerging Interface...*, 1993, p. 6). O Governo holandês tencionava instituir um regime de ajudas com o objectivo de incentivar a eliminação deste tipo de resíduos de uma forma aceitável do ponto de vista ecológico. Este auxílio consistia no financiamento da construção e da exploração de instalações de tratamento dos referidos resíduos por uma instituição, criada com o objectivo de ajudar os criadores de animais a resolver o problema da produção excedentária destes detritos, denominada "Banco nacional de resíduos orgânicos de origem animal". A intervenção desta entidade permitiria acelerar a implementação dos projectos de tratamento, já que o governo holandês temia que, se fossem deixados exclusivamente à iniciativa privada e ao funcionamento das forças de mercado, devido aos riscos e às incertezas envolvidos, as primeiras vinte instalações de tratamento em larga escala necessárias não surgissem antes de 1995. O auxílio concedido deveria ser totalmente financiado por receitas resultantes de um imposto a cargo das empresas produtoras dos resíduos em causa. A Comissão não autorizou a concessão da ajuda, porque receou que, uma vez que a mesma se destinava a cobrir os custos variáveis (isto é, os custos de funcionamento) das instalações, tal se viesse a traduzir num auxílio ao funcionamento para as empresas transformadoras dos referidos resíduos. Estas poderiam, então, adquirir a sua matéria-prima às empresas de armazenamento a um preço reduzido, procedendo depois à exportação do produto final sob a forma de fertilizante orgânico, gozando, desta forma, de uma vantagem competitiva face aos fornece-dores comunitários de fertilizantes químicos, gerando-se, assim, uma distorção da concorrên-cia a jusante do ponto de concessão da ajuda. Outro argumento invocado pela Comissão foi o facto de as unidades processadoras dos resíduos em causa e os criadores de animais abrangidos pela medida objecto de apreciação serem, dessa forma, colocados numa posição mais favorável do que os seus concorrentes de outros Estados-membros. Cfr. Decisão nº 92//316/CE da Comissão Europeia, de 11 de Março de 1992 (JOCE nº L 170 de 25 de Junho de 1992, p. 34), e 22º Relatório sobre política da concorrência (1992), pontos 75 e 451. A Comissão tinha autorizado anteriormente a concessão de um auxílio para a construção da primeira fase destas instalações ao abrigo do artigo 92º, nº 3, alínea c) do Tratado CE, embora já inicialmente tivesse colocado objecções à sua concessão fundadas no não respeito do PPP, no nível excessivamente elevado do auxílio e no facto de a ajuda adicional que seria concedida no futuro às novas instalações de tratamento de estrume poder assumir a forma de um apoio ao funcionamento. No entanto, o Governo holandês eliminou duas destas objecções, ao proceder à alteração do regime objecto de notificação inicial, prevendo que os recursos a utilizar na ajuda já não proviriam do Ministério da Agricultura, como constava da proposta inicial, mas seriam fornecidos pelos próprios produtores dos resíduos, e retirando a possibi-lidade de ser concedido um auxílio ao funcionamento (JOCE nº C 82 de 27 de Março de 1991,

O Direito Fiscal do Ambiente 47

Incluem-se, ainda, entre os auxílios ao funcionamento, aqueles que tem por objectivo fazer reflectir nos custos de produção os benefícios ambientais associados ao uso de determinados processos ou tecnologias ou ao consumo de determinados produtos e, consequentemente, incentivar a alteração dos padrões de consumo, transferindo a procura de produtos ambientalmente nocivos, tradicionalmente menos onerosos, para produtos amigos do ambiente[153]. Estas ajudas podem assumir várias formas, contando-se entre as mais frequentes as subvenções, directas ou cruzadas, destinadas a cobrir os custos de produção suplementares em que a empresa incorreu em virtude da utilização de energias renováveis.

A dificuldade em autonomizar e individualizar os custos de funcionamento que têm uma efectiva relevância para a defesa do ambiente tem levado à adopção de posições bastante restritivas relativamente a este tipo de apoios, quer a nível das autoridades nacionais[154] quer da Comunidade. Tem sido seguida uma política de apreciação casuística, orientada por critérios bastante rigorosos. Por serem, em geral, contrários ao PPP, os auxílios ao funcionamento que tenham por efeito isentar certas empresas dos custos resultantes da poluição ou dos prejuízos que provocam são normalmente proibidos. A Comissão admite, no entanto, abrir excepções a esta orientação, introduzindo derrogações àquele princípio, em determinadas circunstâncias bem definidas. Exige-se para esse efeito que o apoio tenha como único objectivo a simples compensação dos custos de produção adicionais em relação aos custos base, seja temporário e, em princípio, degressivo, de modo a constituir um incentivo à tomada de medidas em ordem à redução da poluição ou à alteração rápida dos processos no sentido da utilização mais eficaz dos recursos. A ajuda em causa não deve, ainda, violar outras disposições do Tratado CE, nomeadamente, normas que têm como objectivo directo a construção do mercado único.

São identificados dois grandes grupos de auxílios ao funcionamento: os concedidos no domínio da gestão de resíduos e da poupança de energia e os atribuídos no domínio do desagravamento dos impostos ambientais. Em qualquer um deles, foi autorizada a concessão do apoio após uma apreciação casuística por parte da Comissão. No que respeita ao primeiro grupo de ajudas, entende-se que quando as mesmas se mostrem absolutamente necessárias devem ser estritamente limitadas à compensação de custos de produção extras[155], tomando-se

---

pp. 3-4, p. 3). Este caso veio colocar dúvidas sobre a legitimidade de a Comissão recusar um auxílio que encontra a sua justificação no nº 2 do artigo 130º-R do Tratado CE.

[153] A Comunidade estabeleceu critérios gerais para a classificação dos produtos como "amigos do ambiente" no Regulamento CEE nº 880/92 do Conselho, de 23 de Março de 1992, relativo a um sistema comunitário de atribuição de rótulo ecológico (JOCE nº L 99 de 11 de Abril de 1992).

[154] GRUPO DE TRABALHO CONSTITUÍDO PELO DESPACHO N. 130/97-XIII DO MINISTRO DAS FINANÇAS, *Reavaliação dos benefícios fiscais*, 1998, p. 302.

[155] O custo de produção extra é calculado tendo em conta o nível normal de lucro, mas é um valor líquido de qualquer ajuda – JOCE n. C 37, 3 de Fevereiro de 2001, pp. 3-15, nota de pé-de-página n. 40.

CADERNOS *CEDOUA*

como termo de comparação o preço de mercado dos produtos ou serviços relevantes[156]. Os auxílios ao funcionamento devem ser temporários e, como regra, devem obedecer a um padrão de redução progressiva ao longo do tempo, de modo a fornecerem um incentivo a que os preços passem a reflectir os custos dentro de um prazo razoavelmente rápido. É, assim, imposto o limite de cinco anos à duração da ajuda. Prazo durante o qual a mesma deve ser progressivamente reduzida, isto é, no primeiro ano o auxílio pode atingir a intensidade de 100 por cento dos custos extras, mas deve ser linearmente reduzido até atingir no fim do quinto ano os 0 por cento. No caso de ajudas onde esta característica da redução progressiva não está presente, a duração é igualmente limitada a cinco anos, mas o montante não pode ultrapassar o valor de 50 por cento dos custos extras.

a) Auxílios ao funcionamento no domínio da gestão de resíduos

Os auxílios ao funcionamento no domínio da gestão de resíduos estão previstos para os casos em que essa gestão se faz de acordo com a classificação hierárquica dos princípios da gestão de resíduos[157]. A Comunidade assume a gestão de resíduos como um objectivo prioritário, de modo a reduzir os ricos ambientais, fixando três regras fundamentais: a reutilização, a reciclagem e a recuperação. Os resíduos cuja produção não possa ser evitada devem ser tratados e eliminados sem perigo para a saúde pública e o ambiente.

Contudo, no que respeita à gestão de resíduos, há que distinguir entre resíduos domésticos e resíduos industriais. A posição da Comissão relativamente aos resíduos domésticos tem sido no sentido de aceitar o financiamento de projectos de investimento que se destinem à sua gestão. Já relativamente aos resíduos industriais, o princípio em vigor é o de que as empresas devem ser totalmente responsáveis pela sua gestão em condições compatíveis com o ambiente. O fundamento para esta atitude reside na preocupação da Comissão em evitar que se gerem distorções da concorrência a jusante. Concretamente, pretende-se precaver contra a possibilidade de os auxílios concedidos às empresas para a gestão dos seus resíduos se virem a traduzir em benefícios para os seus clientes que procedem ao tratamento desses mesmos resíduos. No caso de projectos de investimento em estruturas que permitam gerir, conjuntamente, os dois tipos de resíduos, foi autorizado o apoio financeiro de natureza estatal relativamente aos custos suplementares de recolha, selecção, recuperação e tratamento dos mesmos, quando as empresas também contribuam para a cobertura desses custos em função da utilização que façam do sistema ou do montante de resíduos que produzem. Mas apesar de a Comissão entender que os agentes económicos devem normalmente suportar os custos de tratamento dos resíduos industriais de acordo com o PPP, esta instituição admite que serão necessários auxílios ao

---

[156] JOCE n. C 37, 3 de Fevereiro de 2001, pp. 3-15, ponto 42.
[157] COM(96) 399 final, de 30 de Julho de 1996.

CADERNOS CEDOUA

O Direito Fiscal do Ambiente

funcionamento quando são introduzidas a nível nacional exigências superiores àquelas que estão previstas a nível comunitário ou quando estas últimas não existem. Uma vez que nestes casos as empresas perdem temporariamente competitividade no mercado internacional. Os agentes económicos que recebam auxílios ao funcionamento para o tratamento de resíduos industriais ou não--industriais devem financiar os serviços fornecidos na proporção do montante de resíduos que produzem e/ou dos custos de tratamento dos mesmos.

b) Auxílios ao funcionamento para fontes de energia renováveis

A Comissão entende que as ajudas conferidas ao uso de energias renováveis devem ser objecto de um tratamento especial, devido às dificuldades que tais energias enfrentam na concorrência com as fontes tradicionais. Além de que a política comunitária favorece o uso destas fontes de energia por motivos ambientais. A ajuda é reconhecida como necessária em especial nos domínios onde os processos técnicos disponíveis não permitem a produção a um custo unitário comparável ao que se verifica com o uso de fontes convencionais. Os auxílios ao funcionamento serão justificados quando visem cobrir a diferença entre os custos de produção de energia a partir de fontes renováveis e o preço de mercado dessa energia. A forma da ajuda pode variar em função do tipo de energia em causa e do sistema de apoio concebido pelo Estado-membro. Ao analisar cada caso, a Comissão tomará em conta a posição competitiva de cada forma de energia.

Os apoios ao funcionamento serão admitidos nestes casos verificados determinados requisitos[158]. Para além da admissibilidade da concessão de ajudas nos termos previstos em geral, nos pontos 45 e 46 do Enquadramento, para os auxílios ao funcionamento, a Comissão admite mais três hipóteses. Assim, numa segunda hipótese, a ajuda será aceite quando vise atenuar a barreira à entrada no mercado que as fontes de energia renovável enfrentam. No domínio destas fontes de energia, os custos unitários de investimento são especialmente elevados, geralmente representam uma parte significativa dos custos da empresa, e a cobrança de preços competitivos nos mercados onde essa energia é vendida está normalmente vedada. A Comissão aceita, por isso, que os Estados-membros concedam auxílios que compensem a diferença entre o custo de produção da energia renovável e o preço de mercado da mesma. Os auxílios ao funcionamento podem, então, ser concedidos mas apenas para a depreciação das instalações produtivas. A utilização destas instalações para a produção de qualquer outra forma de energia não permite, no entanto, que a elegibilidade para a ajuda se estenda a essa outra forma de energia. O auxílio em causa pode, todavia, ser também utilizado para cobrir um razoável retorno do capital, desde que o Estado-membro demonstre que tal é indispensável dadas as fracas condições de competitividade de certas fontes de energia renováveis. O Enquadramento (ponto 59) refere

---

[158] JOCE n. C 37, 3 de Fevereiro de 2001, pp. 3-15, pontos 57-65.

CADERNOS CEDOUA

expressamente o caso da biomassa. Esta fonte de energia requer um menor investimento mas acarreta custos de funcionamento mais elevados relativamente às demais fontes de energia renovável. Pelo que a Comissão estará receptiva a aceitar auxílios ao funcionamento que ultrapassem o valor do investimento quando o Estado-membro prove que os custos agregados suportados pelo agente económico após a depreciação das instalações são ainda superiores ao custo de mercado da energia. Ao determinar-se o montante da ajuda deve ter-se em conta qualquer auxílio ao investimento conferido à empresa em questão no caso de novas instalações. O Estado-membro, ao notificar a Comissão da ajuda, está obrigado a mencionar o mecanismo de apoio especificamente utilizado e os métodos de cálculo aplicados, aos quais fica vinculado caso a ajuda seja aceite pela Comissão.

Numa terceira hipótese, a ajuda é atribuída pelo Estado-membro sob a forma de um mecanismo de mercado, como seja o uso de 'certificados verdes' ou fixação de preços. Estão em causa sistemas que asseguram aos produtores de fontes de energia renovável o benefício indirecto de um nível garantido de procura a um preço superior àquele de que gozam as fontes de energia convencionais. O preço dos 'certificados verdes' não é fixado previamente, dependendo antes do jogo da oferta e da procura. Sempre que estes mecanismos representem auxílios de Estado, os mesmos podem ser autorizados pela Comissão desde que o Estado-membro prove que esse apoio é essencial para garantir a viabilidade económica das fontes de energia renovável em causa, não resulta numa compensação excessiva e não dissuade o produtor de se tornar mais competitivo. Verificados estes requisitos a Comissão tende a aceitar as ajudas por um prazo de dez anos, findo o qual procederá à apreciação da necessidade de continuação da ajuda.

Uma quarta hipótese colocada pela Comissão para a atribuição de auxílios ao funcionamento para fontes de energia renováveis é aquela em que o Estado-membro concede a ajuda a novas instalações produtoras desta espécie de energia com base no cálculo dos custos externos evitados. Estão aqui em causa os custos ambientais que a sociedade teria que suportar se a mesma quantidade de energia fosse produzida segundo os processos tradicionais. Valor que é aferido com base na diferença entre, por um lado, os custos externos gerados e não suportados pelo produtor de energia renovável e, por outro lado, os custos externos gerados e não suportados pelo produtor de energia convencional. Para proceder a esta contabilização, o Estado-membro deve utilizar um método de cálculo que seja internacionalmente reconhecido e que tenha sido comunicado à Comissão. O Estado-membro tem, ainda, que fornecer uma detalhada análise comparativa de custos e um estudo dos custos externos gerados pelos produtores de energia concorrentes, de modo a demonstrar que a ajuda compensa apenas por custos externos não cobertos. Em qualquer caso, o montante do auxílio não pode exceder EUR 0,05 per kWh[159]. Exige-se, ainda, que o montante da ajuda

---

[159] JOCE n. C 37, 3 de Fevereiro de 2001, pp. 3-15, ponto 63.

CADERNOS *CEDOUA*

que exceder o valor resultante da aplicação da hipótese número um referida acima tem que ser reinvestido pelo agente económico em fontes de energia renováveis, sendo apreciado pela Comissão se essa actividade também é elegível para um auxílio de Estado ou não[160]. A fim de assegurar a consistência desta quarta hipótese com as regras gerais da concorrência, a Comissão certificar--se-á de que a ajuda não introduz quaisquer distorções no funcionamento do mercado em contradição com o interesse do mercado comum. Ou seja, deve averiguar-se se a ajuda vai efectivamente resultar no aumento geral do consumo de energia renovável à custa da redução no uso das energias tradicionais, e não apenas numa transferência de quotas de mercado entre fontes de energia renováveis. Para esse efeito, exige-se a verificação de três requisitos. Primeiro, a ajuda concedida deve integrar um esquema que trata de igual modo todos os produtores que integram o sector das energias renováveis. Segundo, esse esquema deve assegurar que os auxílios são concedidos sem discriminação entre produtores de igual energia renovável, isto é, uma unidade de energia renovável ao qual estão associados determinados custos externos deve ser objecto de um único tratamento independentemente da fonte utilizada para a sua obtenção. E, terceiro, o esquema em causa será reavaliado pela Comissão a cada cinco anos.

Os auxílios ao funcionamento no caso de produção combinada de energia e calor são justificados sempre que se prove o seu benefício ambiental com base na especial eficiência da conversão ou na redução do consumo energético ou da danosidade ambiental do processo produtivo, tendo a Comissão, neste caso, em especial consideração o tipo de energia primária utilizada no processo produtivo. Os auxílios concedidos nestes casos devem adoptar como valor de referência 40 por cento dos custos elegíveis. Estas ajudas podem ser concedidas às empresas distribuidoras de energia eléctrica e calor ao público em geral sempre que o custo de produção destes bens exceda o seu preço de mercado. Em circunstâncias semelhantes, podem ser atribuídos auxílios ao funcionamento no caso de produção combinada nos mesmos termos em que o podem ser à mera produção de energia a partir de fontes renováveis. A decisão sobre a essencialidade da ajuda terá que atender aos custos e receitas associados à produção e venda tanto da energia eléctrica como do calor[161].

Podem, ainda, ser concedidos ao uso industrial de produção combinada de energia eléctrica e calor auxílios ao funcionamento nas mesmas condições que se acabaram de referir para os casos de produção combinada. Estes auxílios serão admitidos desde que se prove que o custo de produção de uma unidade de energia com recurso àquela técnica excede o preço de mercado de uma unidade de energia convencional. Nos custos de produção pode incluir-se o retorno do capital a uma taxa normal, mas deve deduzir-se qualquer ganho obtido pelo agente económico em termos de produção de calor[162].

---

[160] JOCE n. C 37, 3 de Fevereiro de 2001, pp. 3-15, ponto 63.
[161] JOCE n. C 37, 3 de Fevereiro de 2001, pp. 3-15, ponto 66.
[162] JOCE n. C 37, 3 de Fevereiro de 2001, pp. 3-15, ponto 67.

CADERNOS *CEDOUA*

c) Auxílios ao funcionamento na forma de benefícios fiscais concedidos no âmbito de impostos ambientais

A falta de harmonização a nível comunitário da tributação ambiental e o risco de uma perda temporária de capacidade competitiva das indústrias nacionais no mercado internacional que esta espécie de tributação acarreta justificam que se admita a atribuição de auxílios ao funcionamento sob a forma de benefícios fiscais concedidos no âmbito de impostos ecológicos.

A Comissão distingue entre benefícios concedidos no âmbito de impostos cobrados por força de uma decisão da Comunidade e impostos cobrados em consequência de uma decisão de um Estado-membro[163]. Nesta segunda hipótese, admite-se que as empresas possam enfrentar dificuldades na adaptação rápida à nova carga fiscal, admitindo-se que em determinadas circunstâncias se justifica uma isenção fiscal temporária de modo a permitir essa adaptação.

Quando o imposto em causa é cobrado por força de uma directiva comunitária, prevêm-se dois cenários. Num primeiro cenário, o Estado-membro aplica o imposto sobre certos produtos a uma taxa mais elevada do que o mínimo estabelecido pela directiva comunitária e concede isenções a determinadas empresas, as quais acabam por pagar o imposto a uma taxa mais reduzida mas ainda igual à taxa mínima prevista na directiva. Nestas circunstâncias, a Comissão aceita que se estabeleçam isenções temporárias, de modo a permitir às empresas uma adaptação a níveis mais elevados de tributação, fornecendo-lhes um incentivo a agir de forma mais sustentável. Num segundo cenário, o Estado-membro aplica o imposto sobre determinados produtos à taxa mínima prevista pela Comissão e concede isenções a certas empresas, que passam assim a estar sujeitas a uma taxa inferior a essa taxa mínima. Se tal isenção é autorizada pela directiva em causa, a Comissão pode entender que a mesma é compatível com o artigo 87° do Tratado CE e, por isso, aceitável, desde que se prove a sua necessidade e proporcionalidade face aos objectivos perseguidos pela Comunidade. Caso em que a Comissão zelará em especial pela limitação temporal da ajuda. Já quando a isenção não seja admitida pela directiva, entende-se que a mesma constitui um auxílio de Estado contrário ao referido artigo.

As ajudas admitidas em qualquer um dos cenários devem realizar uma contribuição efectiva para a protecção do ambiente, devendo ser tomadas as precauções necessárias para que as isenções não prejudiquem, pela sua própria natureza, os objectivos gerais prosseguidos.

As isenções a impostos que constituam auxílios ao funcionamento podem ser autorizadas em determinadas condições[164]. Quando, por razões ambientais, um Estado-membro introduz um novo imposto num sector de actividade ou

---

[163] JOCE n. C 37, 3 de Fevereiro de 2001, pp. 3-15, pontos 47-49.
[164] JOCE n. C 37, 3 de Fevereiro de 2001, pp. 3-15, ponto 51.

CADERNOS *CEDOUA*

sobre um produto relativamente ao qual não existe uma harmonização fiscal a nível comunitário ou quando o gravame estabelecido pelas autoridades nacionais excede aquele que é previsto pela legislação comunitária, a Comissão entende que as isenções por um período máximo de dez anos sem carácter degressivo são justificadas em dois casos. Um primeiro caso é aquele em que as isenções concedidas são condicionais à realização de acordos entre os governos dos Estados-membros em causa e as empresas recipientes das ajudas ou são atribuídas na sequência da realização voluntária de tais acordos. No âmbito desses acordos, as empresas ou associações industriais assumem a responsabilidade de atingir determinados objectivos de qualidade ambiental durante o período de concessão das isenções. Acordos que podem dizer respeito, *v.g.*, à redução do consumo de energia ou do nível de emissões poluentes. O conteúdo das obrigações tem que ser negociado por cada Estado-membro e é analisado pela Comissão quando o projecto de ajuda lhe é notificado. O Estado-membro deve assegurar uma monitorização rigorosa do cumprimento das obrigações pelos sujeitos. E os acordos devem prever as sanções a aplicar no caso de incumprimento. Estes requisitos aplicam-se de igual modo nos casos em que um Estado-membro concede uma redução fiscal sujeita a condições que têm o mesmo efeito que as referidas obrigações. Mas as isenções concedidas não precisam de ser condicionais à conclusão de um acordo entre o Estado-membro e determinada empresa ou associação industrial sempre que se verifique uma de duas condições: (1) quando a redução diz respeito a um imposto comunitário, o montante efectivamente pago pela empresa após a contabilização do benefício continua a ser superior ao mínimo previsto pela Comunidade de forma a incentivar a melhoria ambiental, (2) quando a redução se refere a um tributo nacional imposto na ausência de um imposto comunitário, as empresas elegíveis para a ajuda continuam a ter a seu cargo uma porção significativa do imposto nacional. O que representa um segundo caso em que a Comissão admite a concessão de isenções fiscais sem carácter degressivo.

Quando a derrogação se refere a um imposto que não foi harmonizado a nível comunitário e quando o imposto nacional é inferior ou igual ao mínimo estabelecido pela Comunidade, a Comissão entende que as isenções de longo prazo não se justificam. Nestes casos, qualquer isenção concedida tem que satisfazer as condições estabelecidas nos pontos 45 e 46 do Enquadramento de 2001[165] e ser sempre objecto de uma autorização expressa da Comissão para o afastamento do limite mínimo previsto a nível comunitário[166].

---

[165] As ajudas devem respeitar o limite de cinco anos, sendo sujeitas a uma redução progressiva ao longo desse prazo, isto é, no primeiro ano o auxílio poderá atingir a intensidade de 100 por cento dos custos extras, mas deve ser linearmente reduzido até atingir no fim do quinto ano os 0 por cento. Já no caso de ajudas onde esta característica da redução progressiva não está presente, apesar de a duração estar igualmente limitada a cinco anos, o montante não pode ultrapassar o valor de 50 por cento dos custos extras.

[166] JOCE n. C 37, 3 de Fevereiro de 2001, pp. 3-15, ponto 53.

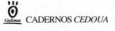

O desagravamento dos novos impostos ambientais, criados a nível nacional ou a nível comunitário (caso em relação a estes últimos o Estado-membro conserve o poder de decidir quanto ao desagravamento ou ao seu montante), pode ser autorizado pela Comissão quando se trate de uma medida temporária necessária à compensação de uma perda de competitividade, "nomeadamente a nível internacional"[167]. Com base numa primeira impressão, pareceria, pois, não ser de aceitar um desagravamento no caso de esta perda de competitividade se verificar entre sectores ou entre empresas dentro do próprio espaço comunitário. Uma vez que um dos critérios tidos em conta pela Comissão no processo de apreciação dos auxílios ao funcionamento é o da concordância entre a sua concessão e as restantes normas comunitárias. Admitir o desagravamento de um imposto introduzido a nível geral, com base na existência de empresas que não se conseguem adaptar às novas variáveis do mercado, traduzir-se-ia numa distorção da concorrência interna. Efeito altamente indesejável ao nível da construção do mercado único. Contudo, parece ser de admitir essa ajuda quando esta tenha como fundamento a prossecução de outros objectivos comunitários, como sejam, a coesão social, o combate ao desemprego e a protecção de sectores estratégicos. Pode ainda justificar-se um desagravamento dos novos tributos no caso de a perda de competitividade se verificar dentro do espaço comunitário, por razões de protecção da própria concorrência. Tal acontecerá quando o novo imposto venha colocar em causa a sobrevivência económica de uma ou mais empresas num sector onde opera já um número reduzido de empresas.

A aceitação de auxílios ao funcionamento sob a forma de benefícios fiscais concedidos no âmbito de impostos ambientais já em vigor está sujeita à verificação simultânea de duas condições. Por um lado, o imposto em causa tem que ter um apreciável impacto positivo em termos de protecção ambiental. Por outro lado, as derrogações em causa têm que ter sido previstas quando o imposto foi criado ou têm que se ter mostrado posteriormente necessárias em consequência de uma mudança significativa das condições económicas observadas inicialmente que coloque as empresas numa difícil situações concorrencial. Neste último caso, o montante da dedução não pode exceder o aumento dos custos provocado pela alteração das condições económicas. Quando esse aumento de custos se deixe de verificar, o benefício fiscal deve também cessar.

Sempre que se observe um aumento significativo de um imposto ambiental já existente e o Estado-membro entenda ser necessário conceder derrogações a determinados agentes económicos, as condições previstas para a admissibilidade de ajudas no caso de introdução de novos tributos ecológicos deverão ser aplicadas por analogia[168].

---

[167] Cfr. ponto 3.4. do Enquadramento nº 94/C 72/03 (JOCE nº C 72 de 10 de Março de 1994, pp. 3-9, pp. 7-8).

[168] JOCE n. C 37, 3 de Fevereiro de 2001, pp. 3-15, ponto 52.

Quando os Estados-membros encorajem o desenvolvimento de processos de produção de energia eléctrica a partir de fontes energéticas convencionais, como, *v.g.*, o gás, aos quais estão associados níveis de eficiência muito superiores aos conseguidos com os processos tradicionais, a Comissão entende que será de admitir a concessão de auxílios dada a importância de tais técnicas para a defesa do ambiente. Exige-se, todavia, que as fontes primárias de energia utilizadas reduzam significativamente os efeitos ambientais negativos. Nestes casos, são aceites as isenções totais de imposto por um período máximo de cinco anos quando a ajuda não seja degressiva. São admitidas derrogações até um período de dez anos nas condições acima identificadas para a concessão de benefícios fiscais no âmbito de impostos ambientais já em vigor e para os casos em que, por razões ambientais, um Estado-membro introduz um novo imposto num sector de actividade ou sobre um produto relativamente ao qual não existe uma harmonização fiscal a nível comunitário ou em que o gravame estabelecido pelas autoridades nacionais excede aquele que é previsto pela legislação comunitária[169].

3.2.3. *Medidas de apoio horizontal*

Enquadram-se numa terceira categoria os auxílios que visam promover objectivos de longo prazo, denominados medidas de apoio horizontal. Em causa estão apoios que se destinam a incentivar a procura de soluções para os problemas ambientais e a sua divulgação, promovendo assim a aplicação mais alargada das mesmas. Sob esta epígrafe podem ser abrangidas ajudas num conjunto bastante variado de áreas onde os resultados dos investimentos realizados têm um certo carácter de bem público[170], como sejam as concedidas nos domínios da ciência, da investigação e do desenvolvimento de tecnologias mais limpas e de métodos mais eficazes de eliminação da poluição[171], bem como da informação.

Os investimentos realizados nos domínios da ciência, da investigação e do desenvolvimento de tecnologias mais limpas e de métodos mais eficazes de eliminação da poluição são custos de que os agentes económicos podem nunca vir a retirar qualquer benefício. Pense-se, por exemplo, no fracasso do projecto de investigação que nunca chega a produzir resultados susceptíveis de serem aproveitados. Trata-se, pois, de encargos que envolvem a diminuição do rendimento disponível, logo, da capacidade contributiva de quem os realiza, sem que

---

[169] JOCE n. C 37, 3 de Fevereiro de 2001, pp. 3-15, ponto 51.3.

[170] Com isto quer-se significar que os benefícios auferidos com esta espécie de investimentos não se podem condicionar aos sujeitos responsáveis pelos mesmos e/ou que não é desejável/eficiente que tal aconteça. Tal verifica-se especialmente a nível da fase de investigação tecnológica. Ver OCDE, *Taxation and the Environment. Complementary Policies*, Paris: OCDE, 1993, pp. 25 e 30.

[171] Deve-se ter presente na concessão destes auxílios uma preocupação de busca de sinergias inter-institucionais, não se financiando projectos totalmente desfasados da realidade. Cfr. Baptista Lobo, *Subvenções ambientais...*, 1996, p. 84.

CADERNOS *CEDOUA*

lhes esteja associada, necessariamente, a obtenção de proveitos[172]. E ainda que os investimentos realizados venham a produzir avanços científicos, estes assumirão, em regra, a qualidade de um bem público, aproveitando a todos, e não apenas àqueles que suportaram as despesas necessárias para a sua materialização. Mas o desenvolvimento da investigação neste domínio directamente pelo Estado, quer através da pesquisa realizada por entidades públicas e financiada com receitas públicas quer através da contratação de entidades privadas que desenvolvem essa actividade em nome e por conta do Estado, parece não ser o mais aconselhável quando se trate de tecnologias susceptíveis de serem patenteadas. Já que o investimento público será feito em atenção à utilidade a propiciar aos cidadãos nacionais, enquanto a decisão privada terá em atenção todo o mercado. Assim, enquanto as entidades públicas aplicam recursos num montante em que o benefício auferido pelos sujeitos que os geraram iguala o custo dos mesmos para esses sujeitos, os agentes económicos privados investem o valor que consideram que maximiza o seu lucro. A dimensão internacional que este tipo de pesquisa tem será ignorada no processo de tomada de decisão público, mas já não no privado, que tem em consideração o mercado global. Desta forma, projectos que seriam, de acordo com o primeiro, considerados ineficientes serão adoptados pelo segundo. O financiamento de projectos privados será, pois, mais susceptível de propulsionar a evolução científica nestes casos, do que a assumpção directa de responsabilidades por parte do Estado. Ainda que o mesmo não possa ser afirmado a propósito de iniciativas em relação às quais a concorrência privada não se faz sentir[173]. Assim sendo, justifica-se, nestes domínios, a concessão de benefícios fiscais, quer para promover estas actividades, atenuando o risco que lhes está associado, quer para recompensar os sujeitos pelas externalidades positivas que produzam. Razão pela qual é comum os Estados procederem à criação de regimes de auxílio ao investimento nestes domínios. Regimes esses que frequentemente estão sujeitos a uma concretização por via contratual[174]. A nível comunitário, estes auxílios encontram-se sujeitos às regras enunciadas no enqua-

---

[172] PEDRO MANUEL HERRERA MOLINA, *Desgravaciones tributarias y protección del medio ambiente (análisis a la luz de los principios constitucionales y del derecho europeo)*, *in* Ana Yábar Sterling (ed.), Fiscalidad Ambiental, Barcelona: Cedecs Editorial S.L., 1998, pp. 133-159, p. 148.

[173] Ver, neste sentido, ainda que não a propósito de tecnologias ambientais mas do sector farmacêutico, GORDON TULLOCK, *Provision of Public Goods through Privatization*, pp. 221-224.

[174] Por exemplo, no caso português, veja-se o artigo 1º do DL n.º 289/92, de 26 de Dezembro. Na quantificação do benefício fiscal, o GRUPO DE TRABALHO CONSTITUÍDO PELO DESPACHO N. 130/97-XIII DO MINISTRO DAS FINANÇAS, *Reavaliação dos benefícios fiscais*, 1998, p. 107, que estava encarregado da reavaliação dos benefícios fiscais, defendeu o afastamento das despesas realizadas em exercícios anteriores como indicador do volume dos investimentos no domínio ambiental que teriam lugar independentemente da existência do benefício. Porquanto, esta espécie de investimento, ao contrário do que acontece com a despesa em investigação e desenvolvimento em geral, não se prolonga por vários exercícios, sendo, antes, pontual.

dramento comunitário dos auxílios estatais a favor da investigação e do desenvolvimento[175].

No domínio da informação[176], podem referir-se os auxílios destinados à divulgação de informação técnica e os apoios a serviços de consultadoria e de formação de pessoal sobre novas tecnologias e práticas ambientais. Note-se que as despesas em mão-de-obra tendem a não ser consideradas elegíveis para um regime de ajudas, devido à dificuldade em autonomizar e individualizar as que têm efectiva relevância na protecção ambiental e aos consequentes problemas que daí advêm em termos de fiscalização da lei[177]. A Comunidade optou, contudo, por admitir os apoios a serviços de consultadoria e de formação de pessoal sobre novas tecnologias e práticas ambientais. Porquanto, nestes casos tal dificuldade está significativamente atenuada. De acordo com o enquadramento relativo aos auxílios concedidos às PME, estas ajudas, quando sejam concedidas a empresas classificadas como tal por aquele diploma, podem ir até[178] ao limite de 50

---

[175] Cfr. JOCE nº C 83 de 11 de Abril de 1986, pp. 2 e ss.

[176] Inserem-se aqui os instrumentos denominados pela Comissão como "instrumentos de persuasão", na linha da preferência pela actuação preventiva a nível ambiental que o Quinto Programa estabelece.

[177] GRUPO DE TRABALHO CONSTITUÍDO PELO DESPACHO N. 130/97-XIII DO MINISTRO DAS FINANÇAS, *Reavaliação dos benefícios fiscais*, 1998, p. 302.

[178] No ponto 4.3. do Enquadramento comunitário dos auxílios estatais às PME, 92//C 213/02, (JOCE nº C 213 de 19 de Agosto de 1992, pp. 2-9, p. 7) prevê-se, relativamente aos apoios à consultadoria, formação e divulgação de conhecimentos, que "(...) a Comissão pode autorizar auxílios superiores a 50 por cento. Em especial, os auxílios para campanhas de informação podem ser apoiados até uma intensidade mais elevada (...)". Não parece que tenha sido intenção da Comissão eliminar esta possibilidade para o caso concreto das ajudas a favor do ambiente. Tal conclusão pode retirar-se do facto de este tipo de intervenção não implicar um perigo acrescido para o mercado interno em comparação com os auxílios em geral, não se vislumbrando por isso especiais motivos de cautela que justifiquem uma solução diferente daquela que se apontou. Bem pelo contrário. Uma vez que estes apoios envolvem um maior benefício para os cidadãos em geral do que um benefício financeiro para a empresa em si, e que a Comissão, no ponto 3.3. do Enquadramento dos auxílios a favor do ambiente (JOCE nº C 72 de 10 de Março de 1994, pp. 3-9, p. 7), usa a seguinte formulação: "[t]al como previsto no âmbito do enquadramento relativo aos auxílios às PME, podem igualmente ser concedidos às PME auxílios até 50 por cento dos custos elegíveis", parece, pois, que a intenção da Comissão foi mais a de alargar o regime favorável aplicado em geral aos auxílios às PME às ajudas conferidas a estas a favor do ambiente do que de o restringir. Era essa a sua orientação em 1992. Leia-se nesse sentido o ponto 4.2. do Enquadramento 92/C 213/02 (JOCE nº C 213 de 19 de Agosto de 1992, pp. 2-9, p. 7) onde se diz que "(...) os investimentos para efeitos de protecção ambiental (...) beneficiam de um tratamento mais favorável do que os investimentos gerais", admitindo-se, logo em seguida, que se faça uso do regime mais favorável de entre os vários aplicáveis à situação, quando se refere que tal se aplica independentemente da localização e da dimensão da empresa, mas que "(...) as PME das zonas assistidas podem evidentemente requerer a taxa de auxílio em vigor (regional e suplemento PME) para os investimentos gerais que será normalmente mais elevada do que os 15 por cento líquidos actualmente autorizados pelo enquadramento dos auxílios ao ambiente e não é sujeito a condições tão estritas". E não se conhecem razões para no ano seguinte, aquando

por cento dos custos elegíveis[179]. Nas regiões assistidas, este nível poderá ser autorizado quer para as PME quer para as empresas de maior dimensão.

Deve admitir-se, ainda, a intervenção pública nas auditorias ambientais nas empresas. O grupo de trabalho português encarregado da reavaliação dos benefícios fiscais considerou que esta espécie de despesas se adequa a ser objecto de benefícios fiscais, devido ao facto de estas, pela sua natureza, exigirem uma análise casuística, "que é um pressuposto específico da concessão de benefícios financeiros"[180]. Os apoio à informação e à sensibilização do grande público, no sentido da criação de uma consciência ambiental cada vez mais forte, e à promoção dos rótulos ecológicos e das vantagens dos produtos amigos do ambiente junto dos consumidores, promovendo o comportamento ambientalmente responsável, na medida em que têm um âmbito tão geral e distanciado em relação ao mercado que apenas remotamente o influenciam, podem não ser abrangidos pela esfera de aplicação do nº 1 do artigo 87º do Tratado CE, por não conferirem uma vantagem financeira identificável a uma ou mais empresas individualizadas. Mas, ainda que sejam abrangidos pela hipótese legal daquela norma, poderão beneficiar de uma isenção ao abrigo dos ns. 2 ou 3 do mesmo artigo. As medidas de incentivo à aquisição de produtos amigos do ambiente pelos consumidores finais sob a forma de empresa que sejam abrangidas pelo âmbito de aplicação do nº 1 do artigo 87º do Tratado CE, por sua vez, serão objecto de uma apreciação casuística por parte da Comissão. Esta poderá vir a autorizar as medidas em causa quando se demonstre que as mesmas foram concedidas sem discriminação em função da origem dos produtos[181], não ultrapassam o valor total dos custos ambientais suplementares[182/183] e não violam outras disposições do Tratado ou

---

da redacção do enquadramento para os auxílios a favor do ambiente, se ter optado por uma solução diferente.

[179] É exemplo de um auxílio que a Comissão autorizou que atingisse os 50 por cento para a investigação industrial de base o que foi concedido pelo Reino Unido às PME que realizassem actividades de investigação aplicada ou de desenvolvimento de tecnologias e técnicas eficientes em matéria de energia, o qual tinha uma duração de três anos, terminando em 31 de Março de 1998 (JOCE nº C 342 de 5 de Dezembro de 1995, p. 8).

[180] GRUPO DE TRABALHO CONSTITUÍDO PELO DESPACHO N. 130/97-XIII DO MINISTRO DAS FINANÇAS, *Reavaliação dos benefícios fiscais*, 1998, p. 302.

[181] Condição já exigida pela alínea a) do nº 2 do artigo 87º do Tratado CE para os auxílios atribuídos a consumidores individuais.

[182] Pelo exemplo que é a propósito referido no Enquadramento nº 94/C 72/03 (JOCE nº C 72 de 10 de Março de 1994, pp. 3-9, p. 8), isto é, o artigo 3º da Directiva nº 91/441//CEE do Conselho, de 26 de Junho de 1991 (JOCE nº L 242 de 30 de Agosto de 1991, pp. 1-3, p. 3), parece querer-se significar com a expressão "custos ambientais suplementares" os custos acrescidos advindos do consumo de "produtos verdes", tomando como elemento de comparação o montante das despesas em que o beneficiário do auxílio anteriormente incorria pela aquisição e utilização de bens que, embora dotados da mesma utilidade individual, seriam "produtos castanhos" (tradução da expressão anglo-saxónica *brown products*, utilizada na denominação de produtos cuja produção, distribuição ou utilização gera um impacto negativo sobre o ambiente). Mas talvez se pudesse ter dado uma outra dimensão a este

do direito derivado[184], nomeadamente, em matéria de livre circulação de mercadorias.

---

requisito. A justificação para este limite parece ser o princípio da eficiência. Com a sua introdução pretende-se que os custos em que incorrem estas medidas – expressões de uma derrogação ao artigo 87º do Tratado CE, traduzida na aceitação, com base em motivos ambientais, de auxílios estatais a empresas que actuam no interior do espaço comunitário, custos esses que se fazem sentir a nível da construção do mercado único – não ultrapassem os benefícios ambientais advindos dessas mesmas medidas. Mas se é este o objectivo da Comissão, como parece ser, deveria, para além do custo individual, ser considerado no cálculo do "custo ambiental suplementar" o diferencial de custos em que a sociedade incorre pelo consumo de "produtos castanhos" face àquele que teria de suportar caso esse consumo fosse de "produtos verdes".

[183] Este limite máximo de 100 por cento dos custos suplementares terá que ser reduzido nos casos em que a legislação comunitária não autorize o apoio total. A título de exemplo refira-se a Directiva nº 91/441/CEE do Conselho, de 26 de Junho de 1991, que altera a Directiva nº 70/220/CEE, relativa à aproximação das legislações dos Estados-membros respeitantes às medidas a adoptar contra a poluição do ar pelas emissões provenientes dos veículos a motor. Caso em que a Comunidade não admite a consideração da totalidade dos custos suplementares para efeito de cálculo do montante de ajudas admissíveis. A Comissão aceita, no artigo 3º da Directiva em causa, que os Estados-membros possam prever incentivos fiscais para os veículos abrangidos pela mesma, desde que o façam em conformidade com as disposições do Tratado CE e com um conjunto de condições que o referido artigo prevê, entre as quais se encontra a exigência de "(…) que os benefícios fiscais a criar devam ser, para cada modelo de veículo, substancialmente inferiores ao custo real dos equipamentos introduzidos com vista a respeitar os valores estabelecidos e a sua instalação no veículo" (JOCE nº L 242 de 30 de Agosto de 1991, pp. 1-3, p. 3). Este limite inferior a 100 por cento dos custos reais é também previsto no artigo 3º da Directiva nº 91/542/CEE do Conselho, de 1 de Outubro de 1991 (JOCE nº L 295 de 25 de Outubro de 1991, pp. 1 e ss., p. 1), que altera a Directiva nº 88/77/CEE; no artigo 3º da Directiva nº 94/12/CE do Parlamento Europeu e do Conselho, de 23 de Março de 1994 (JOCE nº L 100 de 19 de Abril de 1994, pp. 42-52, p. 44), que altera a Directiva nº 70/220/CEE; e no artigo 2º da Proposta de directiva nº 94/C 389/18 do Parlamento Europeu e do Conselho (JOCE nº C 389 de 31 de Dezembro de1994, pp. 22 e ss., p. 23), que altera a Directiva nº 88/77/CEE, bem como na nova proposta de redacção para o artigo 2º resultante da Proposta alterada de directiva do Parlamento Europeu e do Conselho que altera a Directiva 88/77/CEE, Informação n.º 1999/C 43/05, JOCE n.º C 43, de 17 de Fevereiro de 1999, pp. 25-37.

[184] Constituirá direito derivado relevante para este efeito, por exemplo, a Directiva nº 83/189/CEE do Conselho, de 28 de Março de 1983, que estabelece um procedimento para prestação de informações no domínio das normas e regulamentos técnicos (JOCE nº L 109 de 26 de Abril de 1983, pp. 8 e ss.).